JN088900

これからなくなる仕事、
伸びる仕事、
なくなっても残る人

# 10年後のハローワーク

川村秀憲 人工知能研究者
北海道大学大学院教授

アスコム

新しい時代の幕は
すでに切って
落とされた。

総資産額30兆円超。世界のビジネスの中心に立つイーロン・マスク。

誰も実現できなかった電気自動車の
世界的な普及を成し遂げた、
テスラを率いるイーロン・マスク氏。

対話型AIの代名詞として、
いまや世界を席巻している
「ChatGPT」の開発・サービスを提供する
オープンAI社。

膠着（こうちゃく）していたSNS界に
TikTokで風穴を開けた
ByteDance社のチャン・イーミン氏。

最先端のテクノロジーを活用し、
新しい事業が世界各地で次々に立ち上がっている。

世界の長者番付を見てほしい。
10位までにランクインした者のうち、
じつに8人がおもに
**テクノロジーに関連した事業の**
**経営者**である。

世界がどの方向に向かって
舵(かじ)を切っているかは
火を見るより明らかだ。

| 世界長者番付 | | | |
|---|---|---|---|
| ランク | 氏名／国 | 総資産額 | おもな経歴 |
| 第1位 | イーロン・マスク(米) | 2060億ドル | テスラCEO |
| 第2位 | ジェフ・ベゾス(米) | 1950億ドル | Amazon.com共同創業者 |
| 第3位 | ベルナール・アルノー(仏) | 1910億ドル | LVMH会長兼CEO |
| 第4位 | マーク・ザッカーバーグ(米) | 1690億ドル | Meta会長兼CEO |
| 第5位 | ビル・ゲイツ(米) | 1460億ドル | マイクロソフト共同創業者 |
| 第6位 | スティーブ・バルマー(米) | 1430億ドル | 元マイクロソフトCEO |
| 第7位 | ウォーレン・バフェット(米) | 1320億ドル | 投資家 |
| 第7位 | ラリー・ペイジ(米) | 1320億ドル | Google共同創業者 |
| 第9位 | ラリー・エリソン(米) | 1310億ドル | オラクル会長 |
| 第10位 | セルゲイ・ブリン(米) | 1250億ドル | Google共同創業者 |

出典：Bloomberg Billionaires 2024.2.9

一方で、日本はいまとても苦しい立場に追い込まれている。

世界情勢の大変化により、
経験したことがない物価高に直面。

少子高齢化はいよいよ深刻化し、
とうとう3人に1人が65歳以上の「**超高齢先進国**」に。

働いても、働いても、30年にわたり横ばいが続く給与水準で、
6人に1人が貧困化。

そして、先進主要8カ国最低にまで落ちたひとり当たりGDP……。

これまで先送りにされ続けてきた問題が
ここに来てダムが決壊するかのごとく、次々に表面化してきている。

さらに追い打ちをかけるかのように、
生成ＡＩの登場で、これまで安泰と思われてきた
事務職を中心としたホワイトカラーの地位が
脅かされ始めている。

すでにＣｈａｔＧＰＴの生みの親でもあるアメリカでは、
生成ＡＩを導入する企業でリストラが急増。
いわゆる「**ＡＩ失業**」で職を失う人の数が急増している。

「アメリカよりも10年遅れている」とも言われる日本においては、
今後10年で「**ＡＩ失業**」を訴える人が増えることは
想像に難くないはずだ。

だが、悲観的な話ばかりではない。

じつは、日本は世界的に見て、
**「AIと非常に相性がいい国」**
と言われていることを耳にしたことはないだろうか。

たとえば少子高齢化。
いちばんの懸念である人手不足については、
AIを活用することにより、
これまでより少人数での業務が可能になる。

長年、長時間労働に苦しんできた日本人は、
AIの導入で一つひとつの業務が効率化し、
結果的に過去最高の生産性を手にできるだろう。

ＡＩの進歩は人の仕事を奪う可能性もある一方で、
日本においては、長年放置され続けてきた問題を
一挙に解決してくれる可能性がある。

そこで大切になってくるのが、
**ＡＩを使う側になるのか、**
それとも**搾取される側になるのか。**

その判断材料として、本書では、
各業種のＡＩ化が今後10年でどれだけ進むのかの指標を明示し、
また、この流れのなかで
**あなたが生き残るために必要な能力は何か、**
解説をしていく。

これまでどおり「**なんとなく不安**」を抱えたまま

**未来から目を背け続ける**のか。

それとも、近い未来を見据えて、**いま行動を起こす**のか。

決めることができるのは、

本書を読み終えたあとの、あなただ。

CONTENTS

プロローグ

第**1**章

# これからの10年で起こること

第2章

# 10年後に「なくなる仕事」「伸びる仕事」

## 第3章

# 10年後も必要とされる人になる思考の深め方

第4章

# 学びとキャリアの未来

※本書に掲載されている情報は、2024年3月1日現在のものです。

# プロローグ

初めまして、川村秀憲と申します。

私は、北海道大学でディープラーニング、ニューラルネットワークなど、人工知能（ＡＩ）の研究を、長年にわたり続けています。

２０２３年は、ＡＩにとって、大きな、かつ象徴的な転換点となりました。

それは、ＡＩに何ができるのかという実用性が、世界中の人々にわかりやすいかたちで姿を現したからではないかと思います。

正直に告白すると、これほどのＡＩの進歩は、長年研究をしてきた私たちでも予想できなかったくらいのスピードです。以前ならこの先５～10年で起こると考えられていた変化が、驚くべき短期間で実現されています。そのうえ、その進歩のスピードはだんだん速まっているとさえ感じます。

ＣｈａｔＧＰＴに代表される、学習したデータからテキストや画像、音声、デザインなどを作成する生成ＡＩは、その典型です。

人に指示をするようなかたちで入力すれば、ＣｈａｔＧＰＴが的確な形式で返してくれます。すでに試しに使ってみた方も、多くいるのではないでしょうか。

その技術はもちろんまだ発展途上で、正確さや適切さには改善の余地もありますが、体験してみた実感としては、大きく次のふたつに分かれたのではないでしょうか。

①ＡＩと言ってもまだまだだな。これならいまの自分のほうが、価値や能力では十分に勝っている。

②言葉だけの入力で、ここまで自然なやり取りができるのか。ならば10年後には、自分の身の回りの仕事もＡＩに取って代わられてしまうのではないだろうか。

この本を手に取った方は、おそらく②に近い感想を持ったのではないかと思います。

文章だけではなく、プログラムや画像の生成などでのＡＩの導入も進んでいます。身近なところでは、企業などのサイトにおける問い合わせ（いわゆるＦＡＱ）に、ＡＩ

による自動会話プログラム「チャットボット」が設置されているケースが目に見えて増えました。

## 2045年、AIが人類を超える

私自身は、AIの研究者として、技術の発展でAIにできることの領域がどんどん増え、世の中が変わっていく様子を楽しく捉えています。

そして自分自身もそのなかで、研究者としてだけでなく、技術をビジネスに応用する方法まで考えながら日々を過ごしています。

AIについて考えるとき、しばしば「シンギュラリティ」という言葉が語られます。人間と人工知能の臨界点を指す言葉で、AIが人類の知能と並ぶ、または超える時点のことを指しています。

現時点ではシンギュラリティが何年後なのかは、はっきりとはわかっていません。一般的には、この概念の提唱者で、AI研究の世界的権威であるレイ・カーツワイル博士が予測する2045年と考えている人が多いようです。

そもそも本当にシンギュラリティは来るのか？　という問いについては、ＡＩの研究者としては、おそらく来るだろう、とお答えすることになります。

一方で、いままで人が作り出してきたものを機械学習することで「まるで人間の手によるかのような」成果を出しているＡＩにとっては、学習する〝もと〟となる人間がいなければ、存在のしようがないこともまた事実です。

これは、ＡＩが発展していく社会において、頭に入れておきたい重要なテーマでもあります。

個人的な意見を述べると、シンギュラリティは、現在の一般的な見方よりも早く到来するような気がしています。

２０２３年の動きは、それを感じるに十分でした。

完全に人間を超えていくかどうか、そうするべきかどうかは別として、ＡＩの進歩のスピードが速まっていることは、おそらく間違いありません。

## ＡＩによって世の中は「確実」に大きく変わる

ＡＩの進歩と発展が、自分の就業・就職の機会を奪い、収入を減らし、生活をより「貧しく」してしまうのではないかと心配している人たちも、かなりの数いるように感じます。

パソコン、スマートフォン、優秀なソフトウェアや高速のインターネットが普及したタイミングで、それなりに世の中が変化し、仕事のかたちや職業のあり方が変わっていったことは、多くの方の記憶に残っているはずです。同じようなことが、もっと大規模かつ大胆なかたちで起こるとするなら、不安になるのも仕方がないことかもしれません。

この本は、そのような方たちに向けて、ＡＩによる世の中の変化がこれからの働き方にどのような影響を与えるのかということを、ＡＩ研究者の立場から見てまとめたものです。

ＡＩによる世の中の変化は、確実に起こり得ることです。

ＡＩの発達は、すでに世界的な動きになっているだけでなく、優秀な頭脳と大量のお金が投資されています。

２０２２年に米調査会社ＩＤＣがまとめた報告によると、２０２１年の時点でＡＩへの投資額は世界で９３０億ドル（約13兆円）。２０２６年には約３０００億ドル（40兆円超）にまで達するとされています。

ならば、その変わっていく世の中で、あなたも、そしてあなたのお子さんたちも、**AIに何かを奪われるのではなく、AIと共存しながら快適に生きていけるようにしたいものです。**

そして、実際にそれは可能だと私は考えています。

## 10年後、自分の仕事は「安泰」なのか？

いまではＡＩに関しての記事を見ない日はありません。

当初は、生成ＡＩには何ができるのか、どこまで開発が進んでいるかなどのテーマが多かったのに対して、最近では、実際に企業でどのような取り組みが行われているか、さらにはそれによって組織や人事、採用のあり方がどう変わってきているかへと内容がシフトしてきています。

確かにこうした状況のなかでは、ＡＩがどのようなものなのか、そして今後の社会にどんなインパクトをもたらすかについて定まった考えがない方々が強い不安感を持つことは、無理もありません。

なかでも、より深刻に捉えているのは、30代、40代を中心とした、いわゆる社会の中堅として活躍されている方たちだと思います。

今後10年、あるいはもっと短い期間で社会が大きく変わっていくと予測し、今後の行く末をより現実的に考えるならば、これからの自身の「食い扶持(ぶち)」をどうしていけばいいのかを気にしないわけにはいかないでしょう。

お子さんがいる方は、また別の不安もよぎるはずです。

現在、子どもたちが学校で学んでいる内容が、そのまま今後の人生の助けになるかどうかは、この世の中の変化のスピードを見る限り、保証できない部分もあります。

そのうえ、親である自分自身の働き方や収入面にまで不安がある状況で、10年、20年後の社会で仕事をしていく子どもたちに向けて、豊かに生きるための学びの道筋をどのようにつけてあげたらいいのか、悩んでしまうのではないでしょうか。

はたしていままでどおりの「教育哲学」でいいのかについても、心配な部分が大いにあるに違いありません。

## 仕事をしている人の7人に1人は高齢者の時代

大規模な社会の変化に伴い、不安が生まれたり、それが先だってしまったりすることは、致し方ありません。

ただ同時に、AI時代の到来が、大きな希望、あるいは現代の課題が解決できる可能性を秘めていることにも、ぜひ目を向けたいところです。

AIの発展と同時に、私たちの暮らしている日本では、少子高齢化が大きな課題となっています。

## 我が国における総人口の長期的推移

我が国の総人口は、2010 年をピークに、今後 100 年間で 100 年前（明治時代後半）の水準に戻っていく。この変化は、千年単位で見ても類を見ない、極めて急激な減少。

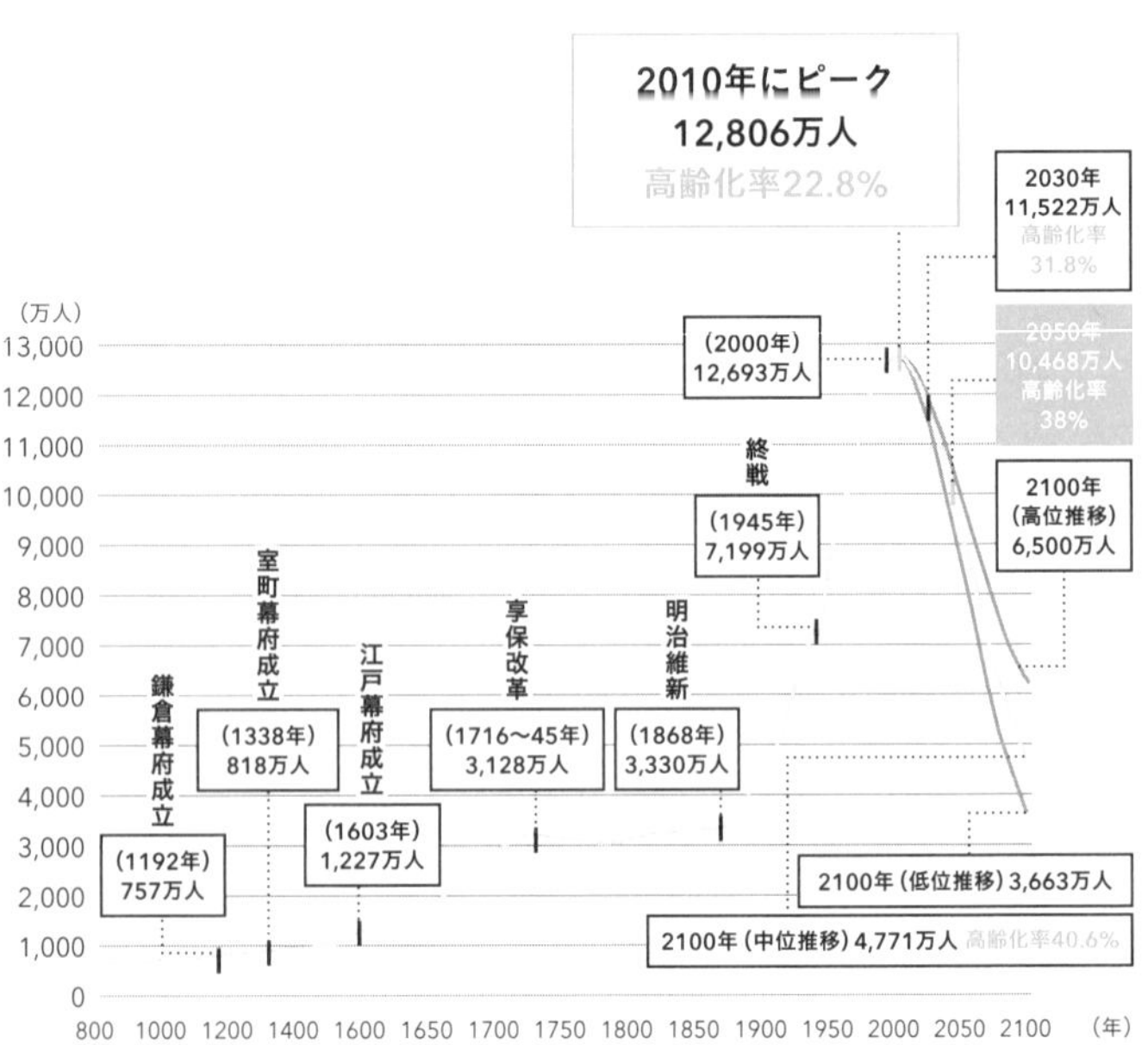


出典：「国土の長期展望」中間とりまとめ 概要（平成 23 年 2 月 21 日国土審議会政策部会長期展望委員会）より改変

世界保健機関（ＷＨＯ）では65歳以上を高齢者と定義していますが、国連の推計では、日本の高齢者人口の割合は、人口10万人以上の２００の国と地域のなかでトップ。総務省が発表した労働力調査によると、**仕事をしている人のおよそ7人に1人は高齢者、という時代にすでに突入しています。**

人口学的に見れば、現時点でどんなに問題視し、対策を打ったところで、短期間で改善する方法はありません。

人口統計の予測は、かなり確度が高いことで知られています。つまり、その予測が警告しているような社会になることは現時点では避けようがなく、日本は確実にそうなっていくと考えなければなりません。

未来を待つまでもなく、私たちの周りでは、すでに人手不足が起こり始めています。介護や建設、外食産業など、身近なところでいまや現実の問題となっているわけです。

ＡＩの発展と普及は、さまざまなテクノロジーと組み合わされながら、こうした問題の解決に貢献できます。

つまり、ＡＩによる大きな転換を、単に恐ろしい変化と考えるだけでなく、大きく変化しなければすでに対応は不可能で、もはや選択の余地はない、と見なければなりません。そして、より積極的に捉えるなら、大きく変化することで可能になるかもしれないことが、じつはたくさんあるのです。

２０２３年に出版した拙著『ＣｈａｔＧＰＴの先に待っている世界』（ｄＺＥＲＯ刊）では、原稿の制作に一部ＣｈａｔＧＰＴ（その時点で最新のＣｈａｔＧＰＴ－４）を使いました。また、「日経ＭＪ」で連載している「川村秀憲のなるほどＡＩ」でも、実験的にほぼすべての文章を生成ＡＩに作成させ、終盤でタネ明かしをしたこともあります。

こうした原稿作成は、ある意味では私にとって「副業」でもあります。できるだけ本業の時間を確保しながら、多くの方に自分の研究内容や考えをお届けするために、生成ＡＩがすでに役に立ち始めているわけです。

いまはまさに、10年後の社会でどう働いていけばいいのかを考える、ちょうどいい時期に来ているのかもしれません。

## 10年後も生き残る仕事、なくなる仕事の境界線

日本には、AIによる大きな変化と、少子高齢化の問題が同時に押し寄せています。この先、否応なくAIに置き換えなければならない仕事が増えていくことでしょう。

では、実際に10年後の社会では、どんな仕事がなくなり、どんな仕事が生き残るのか。そして、どんな仕事が新しく生まれてくるのでしょうか。

ひと言で結論を述べるなら、たとえば10年後の社会では、

**仕事は「意思決定」と「作業」に分解され、**
**このうち「作業」に関しては、**
**相当部分がAIに取って代わられる**

とまとめることができます。

違う言葉で言い換えるならば、

## 「自分で何をするか決める仕事」は残り、「人から言われてやる仕事」はＡＩに取って代わられる

とも言えると思います。

いまの自身の仕事、身の回りの人たちの職業と照らし合わせてみてください。同じような業界、領域でも、「自分で決めている人」もいれば、「人から言われて動く人」もいます。

意外なことに、それは現時点での収入や社会的地位とは相関していないこともあります。

## 「なりたい職業ランキング」はどう変わる？

子どもの視点に変えてみましょう。

「親が子どもに就いてほしい職業ランキング」や「子どもが憧れる職業ランキング」、そしてより現実的な「就職人気企業ランキング」などといったものが、あちこちのメディアで取り上げられています。

そこに列挙されている職業や企業の名前、あるいは業界などを、先ほどの基準にあてはめてみると、当初の印象とは違った感覚が得られるのではないかと思うのです。

「この業界や企業は、はたして10年後も人気を保っているだろうか」
「この職業は、ＡＩ時代とマッチしているのではないか」
「子どもに人気の職業と、親がなってほしい職業の、どちらが正解なのだろうか」

などなど、さまざまな意見が出てくるのではないでしょうか。

## 2014年

## 子どもの「将来就きたい職業」ランキング

### ○男の子が「将来就きたい職業」トップ10

|  |  |
|---|---|
| 1 | サッカー選手 |
| 2 | 野球選手 |
| 3 | 警察官・刑事 |
| 4 | 学者・博士 |
| 5 | 電車・バス・車の運転士 |
| 6 | 大工さん |
| 7 | 食べ物屋さん |
| 8 | お医者さん |
| 9 | パイロット |
| 10 | 宇宙飛行士 |
| | 料理人 |

### ○女の子が「将来就きたい職業」トップ10

|  |  |
|---|---|
| 1 | 食べ物屋さん |
| 2 | 保育園・幼稚園の先生 |
| 3 | 歌手・タレント・芸人 |
| 4 | 学校の先生（習い事の先生） |
| | 看護師さん |
| 6 | お医者さん |
| 7 | 美容師さん |
| 8 | お花屋さん |
| 9 | デザイナー |
| | ピアノ・エレクトーンの先生、ピアニスト |
| | マンガ家 |

※保育園・幼稚園児及び小学校1～6年生を対象（第一生命調べ）

## 現　在

### ○男の子が「将来就きたい職業」トップ10

|  |  |
|---|---|
| 1 | 会社員 |
| 2 | YouTuber・動画投稿者 |
| 3 | サッカー選手 |
| 4 | 警察官 |
| 5 | ゲームクリエイター |
| 6 | 野球選手 |
| | 公務員 |
| 8 | ITエンジニア・プログラマー |
| 9 | 医師 |
| 10 | 学者・研究者 |

### ○女の子が「将来就きたい職業」トップ10

|  |  |
|---|---|
| 1 | パティシエ |
| 2 | マンガ家・イラストレーター |
| 3 | 会社員 |
| 4 | 看護師 |
| 5 | YouTuber・動画投稿者 |
| | 幼稚園の先生・保育士 |
| 7 | 教師・教員 |
| 8 | 美容師・ヘアメイクアーティスト |
| 9 | 薬剤師 |
| 10 | 医師 |
| | トリマー・ペットショップ店員 |

※小学校１～６年生を対象（第一生命調べ）

## 2024年卒大学生就職企業人気ランキング

| 順位 | 文系総合 | 理系総合 |
|---|---|---|
| 1 | ニトリ（3） | ソニーグループ（1） |
| 2 | 東京海上日動火災保険（1） | 味の素（2） |
| 3 | JTBグループ（19） | 三菱重工業（8） |
| 4 | ファーストリテイリング（13） | Sky（7） |
| 5 | 伊藤忠商事（5） | NTTデータ（4） |
| 6 | 三菱UFJ銀行（21） | セガ（47） |
| 7 | 味の素（10） | カゴメ（9） |
| 8 | 日本生命保険（4） | 富士通（3） |
| 9 | ソニーミュージックグループ（6） | トヨタ自動車（5） |
| 10 | Plan・Do・See（12） | アイリスオーヤマ（47） |

（　）内は昨年順位

（日本経済新聞社、マイナビ調べ）

では、みなさんが現在、従事している仕事は、どうなるでしょうか。勤めている企業、あるいは業界は、どうなっているでしょうか。企業としてはそのまま存在しているとしても、もしかしたらそこに必要な人数、端的に言えば「椅子の数」が減っている可能性はないでしょうか。

過去を振り返ってみてもわかるとおり、さまざまなランキングは、大きくかたちを変えている可能性があります。さらにこれから先は、「就職」という行動自体の常識さえ、いまのままではないかもしれません。

## ＡＩとは、永遠に頭がよくなり続ける「学習マニア」

私たちが「まるで人間がやったみたい」と驚くようなＡＩの作業は、先ほども述べたとおり、既存のデータを学習することによって成立しています。

ＣｈａｔＧＰＴで作られるような文章を例に説明すると、まず、いままで人が書いてきた文章を大量にＡＩに読み込ませます。するとＡＩは、前後にどのような言葉がつながっていて、あるテキストのあとにはどのような内容が続くことが多いのかという「続き」を予測できるようになります。

とくに、顧客の質問に答えるチャットボットに代表される、使い方の説明や要約のようなやり取りに関しては、同じようなやり取りが繰り返されるだけに答えが限定的で、予測がしやすいと言えます。従って、ＡＩには向いています。

現在、盛んに行われているのは、企業ごとにニーズを満たせるような、いわゆる「ＡＩチューニング」です。

それぞれの企業に特有の事情は、その企業自身がもっともわかっていますから、投資するだけ効率化ができ、コストを削減できるため、導入への動きも活発です。

一方で、小説などのストーリーについても、ＡＩで生成することは可能です。ビジネスの場合と比べれば、学習する内容がより増え、高度になることは間違いないのですが、できないわけではありません。

学習する内容が少なければ、多くの人が「陳腐だ」と感じる作品になってしまうかもしれませんが、形式として作品の体裁を整えることはできるでしょう。

そこに、「学習マニア」であるＡＩが学び続け、その内容が質・量ともに深まっていくと、「陳腐だ」と感じる人が徐々に減っていき、ある時点で「実際の作家」が作成したストーリーとの違いがわからなくなる人が多数派になる瞬間が来ます。その時点で、もしかするとAI作家による作品も、商業的に成り立つのかもしれません。

私たちの研究室では、ＡＩに俳句を詠ませる「ＡＩ一茶（いっさ）くん」という実験を、２０１７年から続けています。

俳句というたった17文字の世界は、ＡＩによる学習と生成における格好の対象です。そして、第三者にブラインドで複数の俳句を見てもらい、いったいどちらが「ＡＩ一茶くん」によるものなのか、その句が表している「心情」や響きを、見る方がどう受け取るのかについて、研究を続けています。

実際のところ、初期のころのＡＩ一茶くんの出力は、日本語としては意味不明な文字列でしたが、その後にさまざまな改良がなされて、いまでは人の詠んだ俳句と見分けがつかないような俳句を生成できるようになりました。

つまりは、こうしたＡＩによる文章制作の流れがやがて小説になり、人の気持ちを動かすユーモアやペーソスまで生み出すことも、そう遠い日ではないかもしれません。

## 医者やプログラマーでさえも仕事がなくなる

ＡＩの登場と発展によってもっとも影響を受けると考えられるのは、いままでは「高度な知的作業」とされてきた、なんらかのアウトプットをするポジションです。

例を挙げるなら、

- 質問に答える
- 指示に従ってわかりやすい資料を作る
- 内容を要約する
- 前例を調べる

このような作業は、飛躍的に効率化、あるいは「省人化」されていくはずです。

私は大学生を教える立場ですが、学生のなかには将来プログラムを書きたいと考えている人もいます。私自身、小学生のころからプログラムを書き続けてきた人間ですので、そのおもしろさはよくわかっているつもりなのですが、はたしてＡＩの時代になりつつあるいま、プログラマーやシステムエンジニアのような職業が今後も安定して継続し続けられるかについては、大いに疑問です。

プログラムを書くという作業はＡＩにぴったりで、現状でも、有料版のＣｈａｔＧＰＴ－４で相当部分は代替可能です。従って、ひと月たったの20ドル（約３０００円）で使える人工知能を大きく上回る仕事が、毎月何千ドルもの給料をもらってできることを証明しなければならなくなります。

同じことが、肉体労働を伴わずに、オフィスでデスクワークを中心とする仕事をする人、いわゆるホワイトカラーの現場でも続出すると思われます。そのなかには、社会的地位が高いと言われてきた医師や弁護士なども含まれます。

参加者の考えをよく理解し、わかりやすく資料にまとめる能力は、おそらく多くの企業において若手社員に必要とされてきたに違いなく、ある意味、花形だったかもしれません。しかし、もしも指示を出す側の人間が生成ＡＩを少し触るだけで同等のものができあがるとしたら、やはり高い賃金を出してキャリアの若い従業員を雇う合理性がありません。そして反対に、そこに高い経済合理性があるからこそ、事務作業を効率化するＡＩの応用には多くの企業が参入してきます。

現状の生成ＡＩが作った成果物を見て「まだまだ人には及ばない」と考えている人には、私は「もしも新卒で入社した学生にさせた場合と比べたらどうですか？」と聞いてみることにしています。

そもそも新入社員を「一人前のアシスタント」に育てるには、早くても数カ月の時間と、百万円以上の人件費を必要とします。

もしもその部分を数日、数万円の「チューニング」や「カスタマイズ」で代替できるならどうでしょうか？　新人を採らなくなるばかりか、あなた自身の仕事もなくなってしまうかもしれません。

## 働かなくてもいいのなら、いまの仕事をやめますか？

本論に入る前に、ある意味では「根源的な問い」をあなたに投げかけたいと思います。

**もしも働かなくてもいいのなら、いまの仕事をやめますか？　それとも、いまの仕事を続けますか？**

たとえば宝くじが当たり、5億円を手に入れたとしましょう。おそらく多くの方にとって、それは一生かかって稼ぐ金額よりも多いはずです。ひどい浪費家にでもならない限り、現時点での生活レベルを一生維持することは十分に可能でしょう。いわゆる「金銭的な自由」の達成です。

では、5億円を手にしたら、いまの仕事をやめるでしょうか？

この問いかけには、じつはふたつの意味があります。

お金が十分にあるならばしたくないと考える仕事は、「不本意な部分があっても、生活のために仕方なくしている仕事」という面があるでしょう。

それは、先ほど述べた「人から言われてやる仕事」に該当する場合が多いのではないでしょうか。

一方、5億円あっても続けたい仕事は、おそらく「心からしたい仕事」であると同時に、「自分で何をするか決める仕事」なのではないでしょうか。

ひとつめの意味とは、**「したくない仕事」はAIに代替される可能性が高い、ということ。**

もうひとつの意味は、「したくない仕事」を誰もしなくて済む世界、つまり、面倒なことはAIにお任せできる世界が来るかもしれないこと。

世界中で議論も始まっていますが、もしかすると近い将来、年齢や性別、所得などに関係なく、すべての国民に一律の金額を一生支給する基本生活保障制度「ベーシックインカム」が成立するような状況がＡＩによって作り出せるとしたら、生活のために仕事をする必要はなくなります。

働かなくとも生活に困らないのであれば、無理して仕事などせずに、好きなことをしながら暮らすことも可能です。そして、そんな条件の下でも働き続けることとは、事実上、好きなことを突き詰めている状態、要するに遊んでいることとほとんど等しいのではないか、とも言えるでしょう。

私自身、この質問を自問自答するなら、当たった宝くじが5億円でも10億円でも、いまの研究生活はやめないでしょう。むしろ、多少お金のために無理をしなければいけない状況がなくなるので、より仕事がしやすくなると思います。

裏返せば、お金のために働くのではなく、「その仕事をしたくてたまらないからする」ということになります。

私はここにこそ、ＡＩ時代の仕事、職業選択の大きなヒントがあると考えています。なぜなら、**自分が何をしたいかは、決してAIには決められないからです。**

## 10年後に広がる「個性こそが価値になる」時代

これまでであれば、「いい学校」に進学してまんべんなく知識をつけ、「いい会社」に入社してまずはアシスタントから実力をつけ、やがてプロモートされながら肩書と高い報酬を得ていく……というのがビジネスパーソンとしてのひとつの成功パターンであったと思います。

しかし、ＡＩにできることがここまで急速に広がっているいま、ＡＩについて知れば知るほど、いままでの常識に従って生きていくことの危うさ、あるいはむなしさを感じないわけにはいかないと思うのです。

この本を通して私が訴えたいのは、「ＡＩに仕事を奪われる危機」ではありません。その先にある、「お金のために無理をしなくてもいい世界」、「自分が何をしたいかによって、学びも仕事も選択していく世界」、そして「人と同じことをして競争するのではなく、自分の個性こそが価値になる世界」にみんなで向かっていこう、ということです。

そのためには、いったん私たちの社会、そして私たち自身のなかにある「常識」を解体し、再構築する必要があります。

いまは、それを始める絶好のタイミングです。

この本を読み終えたあと、10年後の自分自身、あるいはお子さんの10年後、20年後を想像してみてください。きっといままで抱えていたモヤモヤとした不安を打ち破る答えが、ご自身のなかから出てくるのではないかと思います。

## あなたの人生を決めるのはあなた自身だ

この先ＡＩは、ますます成長、発展していきます。

しかし、ＡＩが神様になるわけではありません。

人生の岐路に立った人が、ＡＩにその先の生きるべき道を聞いたとしましょう。

ＡＩはそれまでの学習内容に則していくつかの方法を返してくれるでしょう。なかには、質問をした人自身が知らなかった情報や考え方が含まれているかもしれません。
しかし、だからといって、10年後でも20年後でも、「ＡＩがそう答えたからそのとおりにした」という人が増えているとは思えません。

**どう生きるかは、自分で決める究極の問題だからです。**

自動車の登場によって、馬車や人力車、あるいは鉄道に関連した多くの仕事が奪われました。それではいま、自動車をなくせと考えている人がどれだけいるでしょうか。自動車が有益であると誰もが認めているからこそ、おそらく「自動車がなかった時代」に戻ることはありません。

あるいは今後、自動運転が完全に装備されれば、自分で運転をせずに旅行に行くことも可能にはなるでしょうが、「どこに行きたいか」の答えは、乗る人のなかにしか存在しません。そしてそのこと自体は、人力車に乗っていても、鉄道や自動車に乗っていても変わりません。

ＡＩも、じつは同じです。

今後、重要な社会インフラとして普及していっても、ＡＩをどう使うか、ＡＩに何をさせるかは、最後まで「使う側の人間の判断」によるものです。

そして、少子高齢化のような問題を解決しながら、やりたくないような仕事を代わりにやってもらうようなかたちで、ＡＩを「いいとこ取り」していけばいいのです。

こうした大きな変化のなかで自身の職業を考える行為は、一人の人間としてＡＩ時代をどう生きていくかを考えることと同じです。

べつに怖がる必要もなく、変化を楽しみながら、自分らしく豊かに過ごせる方向に進んでいこう、ということなのです。

どこまで行っても、自分の人生を決めるのはあなた自身です。

それではまず、ＡＩ自体の現状と将来から考えていきましょう。

# 第1章

# これからの10年で起こること

# 勉強していい人学に入り、いい会社に入っても職を失う

最近、こんな質問を受ける機会が目に見えて増えてきました。

「ＡＩによって社会が変わってしまわないか、不安で仕方ありません」
「ＡＩが普及すると、どんな仕事が失われるのですか？」
「人類の作ったＡＩが、結局、人類を滅ぼしはしませんか？」

ＡＩに対して、多くの方が、自身へのネガティブな影響を心配し、不安に感じているようです。

私たち研究者でも、今後、どのようなＡＩの技術が実用化され、世の中にどのくらいのインパクトを与えるかを予測するのは簡単ではありません。

かといって、1年後と10年後、3年後と30年後をごちゃまぜにして議論しても、混

乱や不安は増すばかりです。

そこで、この本では、「10年後」をひとつの目安として、世の中がＡＩによってどう変化し、私たちの働き方、暮らし方にどんな影響を与えるのかを考えていきたいと思います。

まず、結論から述べてしまえば、10年後の世の中がＡＩによって大きく変化していることは、間違いありません。

私は先ほどのような質問を受けた場合に、こんな話をするようにしています。

勉強を嫌がる子どもが、親に「なんのために勉強をしなければいけないのか？」と質問したとします。

現時点における典型的な答えは、きっとこんなかたちでしょう。

「たくさん勉強して、いい大学に入って、いい会社に入れば、給料をたくさんもらえていい暮らしができるからだよ」

しかし最終的な目的がいい暮らしをするためなら、ＡＩが普及する時代になると、その前提である「勉強して、いい大学・いい会社に入る」という流れが、完全に変わってくる可能性があります。

なぜなら、利益を出し、高い給料を与える企業組織において、ＡＩ時代が到来したあとは、求める人材が変わってくるからです。

## 「底なしの記憶力」と同じことをしても意味はない

これまでの社会では、基本的な能力として読み書き、国語・算数・理科・社会・英語ができ、その延長として「いい大学」を出ることが能力の証明になってきた面があります。なぜなら、それは事務処理能力の優秀さを示す有力な指標だったからです。

ただ今後、ＡＩが普及すればするほど、事務処理能力自体が必要とされなくなっていきます。

たくさん勉強し、いい大学を卒業した新入社員のほとんどは、「基礎的な能力にポテンシャルがあると期待できるが、現時点では即戦力にはならない人材」です。時間をかけて仕事を教え、企業のニーズやクオリティに合う仕事ができるよう、養成する必要があります。

そこに、ChatGPTに代表されるようなAIが現れました。これは10年後に限らず現時点でも、うまく使いこなすことができれば、入社したばかりの新入社員より高い利用価値があります。

つまり、AIの実力が「大学を出たばかりの新入社員」だとすれば、会社にとってはAIを使いこなすことがそのまま「社員教育」や「業務上の指示」になります。

そのうえ、社員を雇用するには、給料だけでなく、社会保障や福利厚生も必要です。勤務するためのスペースや備品もそろえなければなりません。年間数百万円のコストとなることは確実です。

半面、AIなら、同じことがもしかしたら1カ月あたり20ドルで実現できるかもしれません。年間にしても数万円程度。

もはや検討の余地などないのではないでしょうか。

2023年末、米グーグルが、3万人規模の従業員を配置転換、あるいはレイオフ

（一時解雇）することを検討していると報じられ、世界中が驚きました。

グーグルはこの四半世紀、新しいサービスや付加価値を次々に生み出し、世界のインターネット事業をリードしてきた巨大企業です。そして、膨大な検索データを背景に、ＣｈａｔＧＰＴを追撃すべくＡＩの開発にも力を注いでいます。

ところがこの計画の背景には、まさにＡＩの発展と応用が進んだことによって、グーグルの根幹である広告事業で人員が過剰になっている、という事情があるようです。つまり、ＡＩ開発をリードしている巨大テック企業が、自らＡＩの影響を受けて、すでに人の手が余ってきてしまっていることを証明しているに等しいわけです。なお、グーグル単体での従業員数は約14万人とのことですので、じつに20％以上の人がなんらかのかたちでリストラの影響を受ける計算になります。

ではたして10年後、「たくさん勉強すれば、給料をたくさんもらえていい暮らしができる」と言われ、信じてその道を進んだ子どもたちは、どうなっているでしょうか？　もしかすると、**どこにも通用しない就活生になってしまっているかもしれません。**

問題は、「たくさん勉強」することがＡＩにもできるのであれば、**いくら勉強したところでこの先立ちゆかなくなるリスクが高い**、ということなのです。

なぜなら、ＡＩの登場によって、あるレベルの人間並みの能力は、相互に「デジタルコピー」が可能になってしまったからです。それはまるで、「ドラえもん」の秘密道具「アンキパン」の効果が、永久に有効になったかのような状況です。

**教育は、人類の歴史が作り出した英知の結晶を伝承する営みです。**しかし先人はどんどん死んでしまいます。そこで新たに生まれた人は、先人が残した知識や記録、自分よりも経験の多い人を頼って、つねにゼロの状態から、ある程度までの能力を自力で自分に移植しなければならなかったのです。そのために、おじいちゃんおばあちゃん、お父さんお母さん、そして自分の子どもや孫の世代まで同じ内容の勉強が必要でした。

しかし、ＡＩはこの過程をデジタル化します。ＡＩを使うことさえできれば、一生懸命、能力のコピー作業をしなくても、ゼロからいきなり能力が手に入るようなものです。しかも、能力のデジタルコピー化によって、同時に、全世界の人がそれをできるようになるわけです。

これは、勉強、そして学びの過程を根底から変えてしまう革命のようなものです。

その影響は、子どもたちだけではありません。いまさまざまな企業で取り組みが始まっているリスキリング（学び直し）においても、先を見据えた選択をしなければ、がんばって学んでも無駄になる可能性が大いにあるということです。

## 上司から信頼を得るのは「部下よりＡＩ」

第2章では具体的な影響を業種別に見ていきますが、場合によっては、いまある仕事の8割がＡＩに代替されると言われています。

じつはそのなかでも、今後ＡＩに代替される仕事をもっとも端的に表す言葉は、いわゆる「ホワイトカラー」です。

グーグルの例が示すように、まず知っておきたいのは、いままでのような「たくさん勉強」して就く職業が、今後は不要になってしまうかもしれないリスクです。

みなさんが新入社員だったころと、いま中学生の子どもが10年後に新入社員になったと仮定した場合を比べてみましょう。

先輩社員や上司が、何かを決めるための判断材料や資料を求めている場面を想像してみます。

みなさんが新入社員だった当時なら、先輩や上司に付き従い、あらゆる情報を共有したうえで、何を作るべきか、ポイントはどこか、どのような結論に導きたいかなどの指示を受けていたのではないでしょうか。せっかく作った資料を何度も突き返され、悔しい思いをすることもあったでしょう。その結果、上司の考えや期待に添える答えを返せるようになった部下は、「新入社員なのになかなかできるやつだ」と認められていきました。同時に、上司の立場としては、自分でやったほうが早いのに、教育的な目的も兼ねているため、やむを得ず非効率的な方法で我慢している場合もありそうです。

ところが10年後なら、上司は自分の考えを直接生成ＡＩに問うているのではないでしょうか。そのためにカスタマイズされたＡＩがあり、わずかな時間を費やすだけで理想に近いものができあがります。そのうえ、相手は人ではありませんから、コミュニケーションに気を配ったり、ハラスメントに注意したり、就業時間を考慮したりする必要もないわけです。

なんらかの目標や課題において、「広く調査する」「調査した内容を整理する」「結果をわかりやすく示す」といった技能は、すべてＡＩの得意とするところなのです。

よく考えてみれば、上司にとって本当に必要なものは、「結論を得るための判断材料」でしかなく、もっと絞り込むなら「判断・決定すること」でしかありません。

資料作りはその途中経過に過ぎず、効率がよく、見逃しや取りこぼしもなくなるのであれば、企業としてＡＩを使わない選択肢はありません。

ここまではよくわかる話だと思いますが、私が強調したいのは、いままでの教育の流れ、そして教育を受ける側にとっても、自分の能力を確信できる要素自体が大きく代わってしまう可能性です。

## ＨＩＫＡＫＩＮに憧れる子どもを否定できるか

国語・算数・理科・社会・英語は、ＡＩがない世界であれば、おそらく今後も大いに必要とされるでしょう。

私たちの多くは長い間そう考えてきましたし、自分自身もそう言われて育ってきました。そして、他人に対してもそのような評価尺度を適用しています。

さらに、子どもをその流れにつつがなく乗せることこそ、「親がしなければならない正しい教育」だと考えてきた感があります。むしろ、それが当然とされた時代が長すぎ、もはや選択する以前に無思考、無批判になっていたのかもしれません。

難しいのは、長い間常識とされてきたこと、とくに教育という人の一生を左右するかもしれないフレームを変えるのは容易ではないことです。

たとえば、中学受験のために子どもを塾に通わせている親がいるとします。親自身も中学受験組で、現在は大手企業でまずまずのポジションにあります。こうした「成功体験」をもとに、子どもが進むべき道を示すのは、ある意味自然な行為です。ＡＩ

の時代がやってきたからといって、急に「学校の成績や進学先なんてどうでもいいから、好きなことだけすればいい」とはなりません。それは、自分自身の人生を否定しかねないからです。

ただし、今後はその「容易ではないこと」ができる親こそ、子どもを幸せにできるのかもしれません。

私の身の回りには、学歴としては高校中退なのに、ある外資系企業で数千人の部下を抱え、億を超える年収を得ている人がいます。なぜなら彼には、人にはできないことができ、利益を生み出せる判断をしてきた実績があるからです。

そんなのはたった1人の「外れ値」だ、と思うのは自由です。しかし彼の勤務している企業では、現時点での能力だけが問われていて、学歴にお金がついてくるわけではありません。そして彼の下では、それこそ東京大学を卒業した人も働いています。

この状況でもしＡＩがさらに普及しても、おそらく彼のポジションは安泰でしょう。むしろ危険なのは、「すばらしい学歴」で、その企業でそこそこのポジションと年俸を得ている人です。ＡＩがあれば部下が半分で済むのなら、その企業も彼も、部下の数や年俸を減らすしかありません。そのとき、「私は東京大学卒です」という履歴は、おそらくなんの威光も発揮しないでしょう。

再度考えてみましょう。このような変化を知ったうえで、もしあなたの子どもが、「なぜ勉強しなければいけないの?」と聞いてきたら、それでもなお「いい大学、いい会社……」と言い切れるでしょうか?

YouTuberはいまどきの子どもたちにとって憧れの職業ですが、YouTuberになりたい小学生が、具体的にHIKAKINさんに憧れているとしましょう。毎年数億円を稼ぎ、何十億円も持っている資産家と言われていますが、学歴としては高卒です。好きなことを続けてきた結果、いまがあるのだとしたら、親としてそんな生き方はするなと否定できるでしょうか? 「お父さん・お母さんよりHIKAKINのほうが稼いでいる」と反論されたら、「YouTubeばかり見ていないで勉強しないと将来困る」と説得しても効果は薄そうです。

「ZOZO」のスタートトゥデイを創業した前澤友作(まえざわゆうさく)さんも、やはり最終学歴は高卒です。もっとも上場を達成するには高卒が有利というわけではありませんが、かといって「いい大学」を経ずとも成功の道はあることになります。

## AIは、もっとも「カネになる」仕事を狙ってくる

少し皮肉な話ですが、AIがホワイトカラーを「狙い撃ち」してくるかのように見えるのは、そここそが「お金になる」からです。

要するに、ホワイトカラーと呼ばれてきた人たちがしてきた仕事を、AIで安く、正確に代替していくビジネスには、世界的に大きなニーズがある、ということです。ChatGPTがあそこまで急激に話題をさらったのは、一般ユーザーにとって新鮮でわかりやすいかたちを示したこと以上に、実際に企業が自社のビジネス効率化に応用できるものだったからです。

ちなみに、ChatGPTを開発している米国の企業・オープンAIは、2022年に5億4000万ドル（約730億円）の赤字に陥ったと報じられたように、現状ではまだ赤字です。それでも開発が進んでいるのは、この先大きなビジネスになることが、多くの人たちによって予測されているからにほかなりません。

オープン AI の CEO のサム・アルトマンとマクロン大統領（フランス）の会談の様子（2023 年 5 月）。

ここから見えることが、ふたつあります。

まず、ホワイトカラーによる知的労働は、全世界的な視点で見ても共通性が高いため、ＡＩが代替できた場合のメリットが大きいと考えられていること。

もうひとつは、逆にメリットが大きくないと見られている仕事には経済合理性が働かないため、少なくとも後回しになっていると考えられることです。

応用が容易な技術で、できるだけ広範囲のマーケットを狙える技術開発こそ、スケールメリットがあります。その観点からは、いままでの社会が持ってきた「いい大学、いい会社……」の流れに代表される仕事がＡＩのターゲットになることのほうが、むしろ自然なのです。

そして、工場労働に代表されるブルーカラーの仕事は、いままでも機械やロボットの導入などによって省力化、効率化が進んでいたのに対し、相対的に進んでいなかった事務労働が、ついに対象となるときがやってきたとも言えるのではないでしょうか。

ある作業を代替し、危険を減らしながら速度と正確性を上げてきたのが産業用ロボットや機械なのだとしたら、ＡＩは、学習データによって、これまではブラックボックスだった資料集めや要約などといったことを可能にしました。

ホワイトカラーに残された仕事は、「では、どうするか？」の決断だけです。

## 体を使う仕事なら「安泰」なのか？

では、現時点で残されている「体を使う労働」なら、あまりＡＩの影響を受けないかというと、じつはそうでもありません。

というのも、ＡＩの発展と同時に、ロボットの発展も進んでいるからです。ホンダのＡＳＩＭＯや、米ボストン・ダイナミクスの人型（ヒューマノイド型）、犬型ロボットなど、ロボット技術の進歩を報じるニュースを見た人の反応は、両極端です。ロボット技術の進歩に目を見張る人と、そうはいっても身の回りにロボットなどいない、せいぜいソフトバンクの「ペッパーくん」くらいだったのに、それも最近は見かけない……といった否定的な反応です。

私はもちろん前者なのですが、理由はロボット自体の発展だけでなく、ＡＩとの組み合わせによる新しいマーケットが広がる可能性を感じているからです。

提供：TESLA／AFP／アフロ

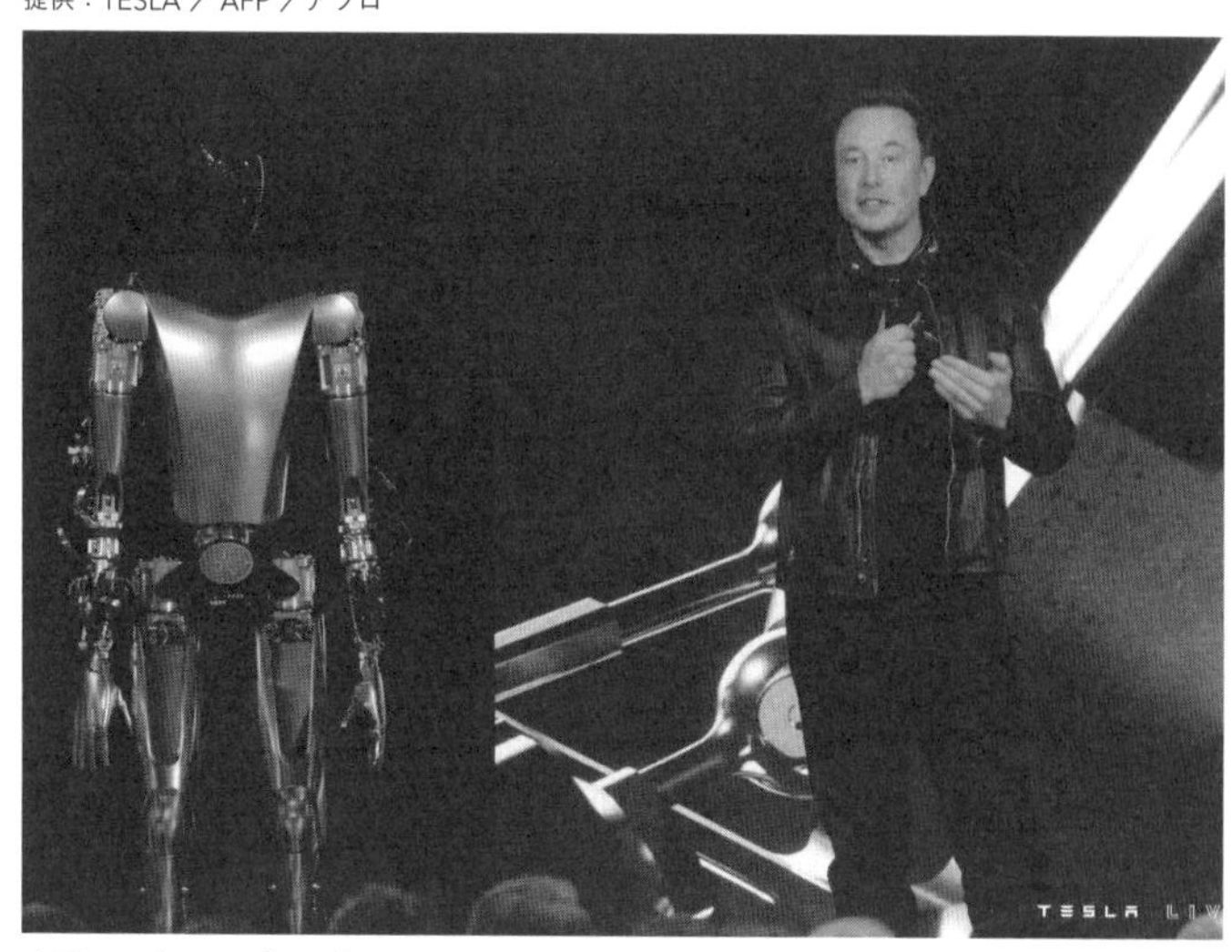

人型ロボット「オプティマス」を発表するイーロン・マスク氏。

まず、ハードとしてのロボットに関しては、最近ファミリーレストランなどの配膳業務にて、中国プードゥ・ロボティクスのＢｅｌｌａＢｏｔを見る機会が増えましたし、ロボット掃除機はさらに前から普及しつつあります。

そして、テスラを率いるイーロン・マスク氏は、２０２２年に人型ロボットのプロトタイプを発表し、将来的に1台2万ドル程度で量産することを目指すと表明しています。

夢物語のように聞こえるかもしれませんが、マスク氏は電気自動車ビジネスをゼロからブランド化し、実際に生産ラインを建設して、いまや世界中で年間約

200万台を生産しながら大手メーカーと競争している張本人です。

すでにテスラの車にはAIの要素が搭載されています。これを、電気自動車にAIがついていると見るのは少し一面的で、AIにタイヤとモーターがついていると考えたほうが適切なのかもしれません。

このほか、グーグル・リサーチとロボット開発会社エブリデー・ロボットは、ヘルパーロボットを開発しています。これは名前のとおり、介護や建設など、肉体労働の現場で、人間から抽象的な指示を受けながら働くことを目指しています。ちょうど、いまの日本で人手不足が認められているジャンルです。

ちなみに、こうした最先端の人型ロボットの実力や現状は、YouTubeで簡単に知ることができます。試しに「Optimus」で検索してみてください。たった数分で理解できるでしょう。

やがてこうしたAIロボットが普及したら、世の中の働き方が影響を受けないはずはありませんし、いま不足している労働力を補うためには、ぜひそうするべきです。

生成ＡＩによって、あいまいなコミュニケーションや指示でもロボットが動いてくれるとしたら、将来、たとえば建設現場で「唯一の人間」である親方や現場監督が、「おい、あれやっといて」と指示するだけで、ロボットが正確かつ緻密に作業を行ってくれる時代が来るでしょう。

残るは、ここでもお金の話だけです。

もしもテスラが2万ドル（約３００万円）とランニングコストだけで10年使える汎用性の高いロボットを提供できるなら、毎年その何倍もの人件費を出して人を雇い入れるよりも効率ははるかによくなります。安全対策や労働環境に割かなければならないコストも削減できます。

しかも日本では、建設や外食、調理、販売、介護、観光産業など、ただでさえ人手が足りていない分野があります。あるいは複雑な家事にも対応できるようになれば、高齢者の一人暮らしを安全、快適にするために大きく貢献できるでしょう。

10年、15年後には、ＡＩロボットが人々の生活と共存している可能性は、とても高いのです。

## 日本がＡＩで世界をリードできる3つの理由

最近、日本や日本経済に関しての話題は悲観的で夢のないものばかりが多く、世界各国からの遅れや先進国からの「脱落」など、先行きを憂う論調が少なくないと感じます。

一方で、そんな日本だからこそ、じつはＡＩ時代の大きな変化を先取りし、「先行」できる大きな可能性を秘めているといったら、にわかに信じられるでしょうか？

しかしこれは、日本、あるいは日本人の大きな特徴であり、また知られざるメリットです。

まずは、日本はすでに、否応なくＡＩの手を借りざるを得ない社会構造になっている点です。

少子高齢化は、簡単には止められません。日本の総人口が減り始めたのは２０１０

年代の半ばからですが、いわゆる生産年齢人口（15～64歳人口）はその10年前にピークを打っています。すでに労働力が減り始めて、20年近くたっているわけです。

もっとも、いまは65歳と言っても元気ですし、働きたい人、働かざるを得ない人もいます。また、この間にもインターネットや情報機器の普及で労働が効率化されてきたわけですから、まだどうにかなっていたわけです。

ところがここに来て、要介護者はどんどん増えているのに介護をしてくれる人がいない、海外から観光客は押し寄せているのにホテルや旅館などで働き手が足りていないなどといった問題が広く共有され始めています。外国人を積極的に受け入れるかどうかの議論を待たずして、すでに多くの現場で外国人労働者や実習生、留学生が働いている姿を見るようになりました。

つまり、**「借りられるならＡＩの手も借りたい」**のが日本の現状です。

言い換えるなら、日本はＡＩの開発や導入に積極的な動機を持っている国だと言えるわけです。

## なぜ日本人はＡＩに抵抗がないのか？

ふたつ目は、とても意外なポイントです。日本の文化のなかで育ってきた人たちには、ＡＩやロボットに対する「抵抗感」が少ないのです。

少し詳しく説明しましょう。

先ほど述べたような、人間の代わりとなるＡＩロボットが安価で登場したとします。この登場については、日本人ならおそらくそこまで抵抗感なく受け入れられるでしょう。

これまで日本で話題を集めたロボット、たとえばソニーのＡＩＢＯやソフトバンクのペッパーくん、ホンダのＡＳＩＭＯなどの「有名」ロボットに対して、多くの日本人はポジティブなイメージを持っているのではないかと思います。単に新しいものを積極的に受け入れようとする以上に、「かわいい」「賢い」などとロボットに感情移入したり、友達や芸能人、ペットに抱いたりするような感情をロボットに対して抵抗なく持てる人が珍しくありません。最近では、一人暮らしのお年寄りの孤独感を緩和するペットロボットも注目されています。

ロボット技術が進歩して本物のペットに近づけば近づくほど、餌をやったり世話をしたりせずに済むメリットが浮かび上がりますし、いざというときに体調の変化を感じ取ったり、通報したりできるような見守りの機能も付加できます。


この、ロボットに親しみを感じる感情、具体的にはロボットに名前をつけたり、服を着せてあげたりするような感覚は、じつは世界的に見ると一般的ではないのです。

キリスト教的な価値観、世界観で考えれば、「人間」はあくまで神様が作ったものです。ということは、神様が作っていないものに対して、人間のように扱ったり、仲間のような感覚を持ったりすることには相当の抵抗感があることになります。厳しい言い方をすれば「排除すべきもの」と考えられてしまっても不思議ではありません。

しかし、古来より八百万（やおよろず）の神が存在し続けてきた日本文化では、「人間のようなロボット」に対して、宗教的な観点からの抵抗感があまりないのが実態です。

鉄腕アトムやドラえもんなど、幼いころからロボットが活躍したり人間と仲良くなったりするコンテンツに親しんできたことも理由のひとつだと思われます。

これは、研究の世界にも少なからず影響があると思います。なかには「自分は神様でもないのに、人間と凌駕しかねないロボットを作り出してしまって本当にいいのか？」と葛藤している研究者がいてもなんら不思議ではありませんが、日本ではむしろ積極的にロボットのいる未来を描き、アニメのような世界を実現するための研究が進んできた経緯があります。

現実の世界にロボットが登場しても、日本で育った人に見えているのは、あくまでポジティブで、共存が可能な世界というわけです。

じつは、ＣｈａｔＧＰＴを世界でもっとも肯定的に受け止めているのは、日本人です。海外ではＡＩが発展、普及することに、宗教的・倫理的立場から抵抗感を示す人がいるのに対して、日本ではそうした声をほとんど聞きません。そして実際にＣｈａｔＧＰＴに対するトラフィックは、アメリカ、インドに続いて日本が多く、両国との人口比で見れば、圧倒的に日本人が生成ＡＩを好んでいることが受け取れます。

２０２３年春にＣｈａｔＧＰＴを開発しているオープンＡＩのサム・アルトマンＣＥＯと岸田文雄首相が面談していましたが、おそらく日本人とＡＩの相性のよさ、そして日本のマーケットとしての大きさに注目しているからこそ実現した面談なのではないかと推測します。

日本人のこうした気質は、ＡＩやロボットの普及の段階にも影響があると見られます。たとえば既存の病気や病変であればほぼ見逃さないＡＩ医師ロボットができたとします。彼から病名や治療方針を伝えられて、はたして患者として信じることができるかどうかについては、やはりロボットに対する宗教的な感覚、文化的な背景が少なからず影響を与えるであろうからです。

日本には、こうした心理的な障害が少ないというメリットが確かにあります。

これもまた、開発も普及もしやすい環境を作る要因になります。

## 「おもてなし」をＡＩで表現できる日本の強み

最後に指摘しておきたいのは、日本の得意分野、いわゆる「おもてなし」や「サービス精神」が、ＡＩの使い方によい影響を与えられる可能性です。

人手が不足している観光分野にはデジタル化やＡＩの流れが起き始めていて、やがてはＡＩロボットの普及も進んでいくでしょう。

この際、おそらく日本人であれば、ＡＩロボットにもなんらかのかたちで、日本人がこれまで培ってきた「おもてなし」の考え方を盛り込もうとするはずです。人工知能やロボットがやるならすべてドライでいいや、とはならないのが、日本人の特徴だと思います。

こうした流れは、ＡＩやＡＩロボットを使いこなす際のソフト面で、ほかの国が生み出しにくい可能性を導けるのではないかと期待しています。

うすうす多くの人が感じているとおり、ＡＩのプラットフォーム作りではすでにアメリカが大きく先行しています。日本でも、そこについていこう、風穴を開けようと努力していますが、資本力の規模からして圧倒的な違いがあることは否定できません。

私はむしろ、なんらかのＡＩプラットフォームが世界標準となり、普及したあとの使い方にこそ、日本に巡ってくるチャンスがあるのではないか、と言いたいわけです。

人の相手をする、人に代わって作業をする、といった行為を無味乾燥なものとして処理するよりも、「おもてなし」をソフト化していけば、それはAIを使う際のインターフェースのかたちを新しく作っていくことにもつながります。

コロナ後にも多くの外国人観光客が日本を繰り返し訪れているのは、日本の社会や文化全体に「お客様」、つまりユーザーの行動をよく観察し、そこにどんなニーズがあるのか、言われる前に感じ取って先回りし、感動や驚きを与える力があるからだと思います。つまりこうした流れをＡＩにさせようという発想自体が日本らしく、また日本で熟成させやすいものになるのではないでしょうか。

少子高齢化と人手不足で悩む日本で進行するＡＩの応用を、「おもてなし」や「サービス精神」といった、いわゆる日本流ソフトパワーのＡＩ化と捉えることで、全世界のＡＩ化で先行メリットを得ることができるのではないか、大きなチャンスが隠されているのではないかと期待しています。

## 人手不足を逆手にとる新戦略

従って、ＡＩに大きな経済合理性を見いだし始めている世界のＡＩ開発企業と、人手不足で悩む日本社会や「おもてなし」を大事にする日本文化は、うまくマッチしていける可能性があることになります。

日本でも現時点では、他国と同じく、仕事を奪われないか、自分に悪い影響が出てくるのではないかという心配が先に立ちますが、宗教的な抵抗感を持っている国に比べたら壁は低いほうだと思われます。

それなりの市場の大きさを持つ日本で、ＡＩがその特性やメリットをよく理解されたうえで受け入れられるのであれば、開発する側には多少実験的なことをできる余裕が生まれます。

２０１９年の大晦日、ＮＨＫの紅白歌合戦で、故・美空ひばりさんの歌唱をＡＩで再現、ＣＧと合わせて披露されたことに大きな議論が起こったのは記憶に新しいところです。故人に対する冒涜だという声がある一方、二度と聞けないと思っていた機会が再び訪れ感動したという意見もありました。当然、権利を所有している方たちの許可と監修のもとに行われていることが前提ですが、たとえ初めからＡＩによるパフォーマンスだとわかっていても、聞く人を感動させられることを示せたのは、大きかったのではないでしょうか。

最近でも、故・手塚治虫氏の名作漫画『ブラック・ジャック』の新作がＡＩで制作

AIで制作された漫画『ブラック・ジャック』の１コマ。

される、という話題もありました。

これはある意味、生成ＡＩの活用法の典型と言ってもいいでしょう。

すでに原作者が故人となっているにもかかわらず、アニメなどで「新作」が作り続けられている例は少なくありません。なぜなら、それまでのストーリーやキャラクターの特性がある程度決まっているため、ほかの作家や脚本家がそれを「学習」したうえで新しい要素を加えると、自然なかたちで新しいストーリーを生み出せるからです。

視覚的な要素も同様です。AIは、こうした作業の大部分を代替できることになります。

考えてみれば、日本の漫画、アニメ制作現場も、さまざまな問題でマネタイズが難しく、労働環境が決していいものではないという話も聞きます。しかし、ＡＩをうまく取り入れることができれば、問題が解決できるかもしれません。

米国でも、映像制作会社のザ・シミュレーションが、ＡＩによってアニメーションをすべて自動生成し、数十分の新しいエピソードを作ったというニュースがありました。ただ、ハリウッドを中心に、関係者のＡＩに対する抵抗は強く、ストライキまで行われたことは、やはりＡＩの受容に対する日米の差を表しているとも考えられるでしょう。技術的に可能だからといって、それがそのまま進むかどうかは、見る側だけでなく作る側にも大きな違いがあるからです。

考え方の違いだけではありません。東南アジアのように、まだ若い世代が多い社会であれば、そもそもＡＩによる労働力の代替への社会的関心が薄いため、ＡＩに何かを代替させようという実験が進みにくくなると考えられます。また、ＡＩに投資することで代替できる人件費が相対的に安い国においても、やはり導入は進みにくいと思われます。

一方で、中国のような、国家の力が強い政治体制では、実験的な試みは進みやすい傾向があります。電気自動車や自動運転、そしてＡＩも同様です。

こうしたなかで、日本は少子高齢化、労働力不足を逆手に取り、まったく違う、実際のニーズに基づいたアプローチができるかもしれません。

ドライバー不足で、バスやタクシーの自動運転、ライドシェアなどの普及を考えざるを得ないのと同様の流れで、ＡＩの普及も進むのではないでしょうか。

私は、むしろそれらを楽しみに感じています。

日本の抱える問題解決のために、世界中のＡＩ開発者たちと協力し、先んじたかたちで未来のモデルを見せられればと願っています。

## 結局、人がやるべき仕事は何か？

そんな近い将来において、人は何をすればいいのでしょうか？

この問いは、「今後においてもＡＩにできないことは何か？」という話と同じです。答えを述べれば、ＡＩにはクリエイティブなことができません。より正確に言えば、意思を持って何をクリエイティブすべきかを決めることができません。

なぜなら、ＡＩには「意思」がないからです。意思がなければ、「何をしたいか」という欲求そのものが存在し得ないことになります。

そして、ＡＩ時代に人間がする仕事は、まさにそこなのです。

先ほど、ＡＩによる歌唱や漫画の話を述べました。それらを指してクリエイティブな行為だと考えることもできなくはないでしょう。ただ、ここで大切なのは、「美空ひばりさんをＡＩとＣＧで再現して紅白歌合戦で歌わせよう」とか、「『ブラック・

ジャック』をＡＩに学習させて新作を書いてもらおう」という発想自体は、決してＡＩにはできない、というポイントなのです。

膨大なデータを学習したＡＩは、ある指標のあとにどんな指標が続くかを解くことに関しては、人間の能力を凌駕します。文章で言えば、ある言葉のあとに続くべき言葉をピックアップし、さらに前後の関係や結論と合わせて何をどう入れればいいのか、膨大なパラメータを調節しながら最適化していくことが可能です。

しかし、ＡＩに原稿用紙を渡し、「あなたの言いたいことを書いて」と依頼しても、何も返せないでしょう。ＡＩを搭載した絵描きロボットに白いキャンバスを渡し、「君の好きなものを何か描いて」と指示しても、やはり何も描けません。しかし、「筋肉質の男性が嵐のなかで敵をやっつけている場面を描いて」などと具体的に指示していけば、かなり要求に近いものを出してくるでしょう。

ＡＩに対して、たとえば「ＡＩを取り巻くニュースや論点をまとめてほしい」と頼めば、文章としては正確で、国語の作文としても点数の高いものが生成されるでしょう。ただ、私がその文章を読めば、どこかで聞いたことのあるような話がつながっているだけにしか見えないと思います。そこで、まだ誰も問うていない要素をそこに足

していけば、かなり内容はよくなるはずです。あるいは初めからその状況を見越し、入れたい情報の断片を順序とともにＡＩに指定したうえで、これを文章にしてほしいと頼んだほうが質のよいものが出てくるかもしれません。

いずれにしてもＡＩ自体に文章を書きたいという欲求はなく、過去に学習したもののなかから「それっぽいもの」を持ってきてつなげることに長けているだけなのです。

基本的に、今後人間の仕事として残るのは、こうした「人間にしかできないこと」です。そして、わざわざ人間がしなくてもいい部分、たとえば文章の「てにをは」を正確に使うとか、筋肉質の男性の陰影をきれいに描くといった行為はＡＩに任せる、という役割分担が成立することになります。

もっともＡＩにも、創造に近いことができるようになる可能性も十分にあります。なぜなら、人間が作る創造物においても、たとえばある作家があるストーリーと別のストーリーを組み合わせ、さらに別のストーリーの要素を加えて「いいとこ取り」した作品に対して、新しい作風として称賛が与えられることもあるからです。こうしたものまで創造と呼ぶのであれば、おそらくそれはＡＩにも可能なのだと思います。

偶然できあがった芸術作品もまた、その「偶然のようなもの」をパラメータにできれば、やはり創造的な作品として人を感動させられるかもしれません。人間にはそこまでのパラメータ処理はできないため、ＡＩが学習した「過去にどこかで作られたもの」を知らなければ、受け止める人によってはまるでゼロから創造した作品のように受け取れるからです。

## 「この人がやること」に意義がある仕事は残る

ならば、創造的な領域など残らないのではないか、というと、決してそうではありません。

美空ひばりさんがもしも存命で、自分の思いどおりの歌唱表現ができる状況であれば、「ＡＩ美空ひばり」を見たファンが感動することはそれほどなかったでしょう。技術的な完成度はさておき、心を動かされたりはしないからです。ご本人のコンサートを見ればいいのですから。コンサートのチケットが5万円、ＡＩは無料で鑑賞できたとしても、おそらくこの評価は変わりません。

同じことは、たとえばプロスポーツ選手などを例にすれば理解しやすいと思います。メジャーリーグに強力なＡＩロボット選手が導入され、大谷翔平選手と同じようにホームランを打ったり、先発投手を務めたりしたとしても、それがＡＩロボットによる業績なのだとしたら、ファンはそこに大谷選手を見るような感動や興奮、敬意を持ち得ないでしょう。

ＡＩが囲碁や将棋で強さを示すことはたびたびニュースになってきましたが、では将棋ですべてのタイトルをＡＩ棋士が独占したとして、人々は藤井聡太八冠に感じるような魅力を見いだすでしょうか。応援したり、その人生の背景に興味を持ったりするでしょうか。藤井八冠がＡＩを下せばきっと拍手喝采を浴びるでしょうが、その逆には大したニュースバリューはないのではないでしょうか。

ここから導けるのは、**「その人がしているからこそ意味のある仕事」には、ＡＩが入り込みにくい**という重要なポイントです。

そして、大谷選手や藤井八冠のような「メジャー」な立ち位置でさえそうなのですから、より小規模、マイナーな「人に付属している仕事」に対しては、経済合理性の面から見てもＡＩの代替対象になる可能性が低くなるわけです。

この典型的な例は、ＹｏｕＴｕｂｅｒやＶＴｕｂｅｒ、アイドルや芸能人、インフルエンサー、そしていわゆる「2次元」を含む創作物の世界です。彼らが生み出す価値、バリューは、彼らにしか生み出せないし、彼らが生み出しているからこそ価値があるわけです。大人なら普通にできる「おつかい」を3歳の子どもがすることで、感動が生まれます。**「何をするか」ではなく、「誰がしたか」に価値があるわけです。**

この感覚を見事に切り取っているのは、いわゆる「推す」という行為です。その人のことを応援したい、知りたいという価値は、ＡＩでは代替しにくいことになります。

そういう意味では、子どもが塾に行かずＹｏｕＴｕｂｅｒになりたいと考えるのは、じつは今後においては正しい選択の感覚なのかもしれません。無論、何万人ものに人に推されるインフルエンサーになるためにはそれ相応の努力や才能は必要でしょうが、誰でもしている国語・算数・理科・社会・英語で他人に抜きん出ることと、自分という存在と自分のしたいことをかけ合わせ、演出して見せていく行為には、努力の方向性に大きな違いがあります。

## 「超高級・超一流」がＡＩ化されにくいワケ

私は何も、すべての子どもに、学校や塾などは適当でいいからインフルエンサーを目指せと言うつもりはありません。

重要なポイントは、定型化されやすいこと・規模の大きいことはＡＩ化されやすいのに対して、その逆、つまり定型化されにくく・規模の小さいことはＡＩ化されにくいということ。そこから考えると、たとえばこんな生き方はＡＩに代替されにくいと見なせるでしょう。

ものすごく手が込んでいて、高付加価値・少数生産の物作りができる職人を想像してみてください。たとえば寄木細工を作る職人をＡＩが代替することは難しいでしょう。技術的にも、マーケットの大きさでも同じことが言えます。

あるいは、こんな想像もできるかもしれません。日本でも自動運転が普及し、もはや免許なしでどこにでも自由に車で行ける時代になったとしても、「超高級自動車を運転する超高級運転手」には引き続きニーズがあるのではないでしょうか。

「自動運転が当たり前になった世界で、人が運転している車に乗っている人」には、「それを実現できるだけの財力や伝統を大切にする価値観」が備わっていることを示せるからです。いまでも馬車や人力車には特別な価値があるのと同じです。

すべてをロボットがこなす食堂やホテルが実現され、快適で廉価なサービスが成立していても、やはり執事よろしくすべてのサービスを人が解決してくれる超高級ホテル、シェフや板長が、ほかでは聞けない話をしながら完全オリジナルの料理を作ってくれるお店へのニーズは変わらないでしょう。飛行機のエコノミークラスはどんどん効率化されていくのに対して、乗客１人にＣＡ３人が応接する究極のファーストクラスはやはり残っていくはずです。

なぜなら、最高級の人がすることの価値は、おそらく失われないからです。そして、そこに正当な評価を下し、お金を払うこと自体もステータスになるでしょう。500円で正確な時計が買える時代に何百万円もする機械式の時計がなくならないのも同じことです。

では、どんな人がそのポジションを担えるのでしょうか。

キーワードは「属人化」です。

スポーツでも将棋でも、運転手やシェフでも同じことです。「その人」だから価値があると感じているものは、AIには入り込めない領域なのです。

だからこそ、誰もがしている「勉強」で秀でることの価値が、相対的に減ってしまうわけです。それは、知能が自動化、機械化されれば、努力の必要すらなく、しかも人がするより高いレベルで実現できてしまうからです。

これまで善とされてきた「標準化」「マニュアル化」はAIが担い、悪とされてきた**「属人化」**こそが私たちが生き残っていく術となるでしょう。

属人化している仕事は、思った以上にたくさんあります。

理由はわからないけれどとてもおいしいチャーハンを作る町中華や、そこで腕を振るう親父さんの代わりは、AIにはできないでしょう。

そして、彼らの働く原動力は、好奇心や自分だけのこだわりである点にも注目しておきたいものです。

学校の成績で誰かの上に立ち、なるべく多くの収入を得ようとする方向性とは正反対です。だからこそ、「その人にしかできない価値」に到達できるのだと思います。

## 人にはできて、AIにはできないこと

もうひとつ、AIにはできない大きなポイントを確認しておきましょう。

クリエイティブな行為ができない理由としても述べたとおり、AIには意思がないため「意思決定」ができません。正確に言えば「意思決定のようなこと」をさせることは可能ですが、そうさせる意思はあくまで人間のものです。

「意思決定」というと少し重く感じるかもしれません。そこで、「意思決定を伴わない仕事」を「人から指示されてやる仕事」、反対に意思決定を伴う仕事を「自分の意思でする仕事」と言い換えるとわかりやすいかもしれません。

こんな例で考えてみましょう。

賃貸物件を探しているとします。さまざまな要素が絡み合うなかで、できるだけメリットを最大化できる物件に決めたいところです。

賃貸物件を選ぶ要素は、いろいろ存在します。どの町にするか、駅から徒歩何分か、近くに便利な店や施設があるか、住宅の広さ、築年数、設備、階数、日当たり、セキュリティ……挙げていけばきりがありません。

そしてたいがい、複数の候補で大いに悩むことになります。駅から近いが家賃が高いとか、コンビニが遠いが設備が充実しているとか、追い焚きはないが宅配ボックスがあるとか……「あちらが立てばこちらが立たず」の状況です。しかし、引っ越しの期日は迫っています。そのとき決断するのは、結局は自分自身です。なかには決めきれず、くじ引きで決めたり、他人に決めてもらったりすることもあるかもしれません。

あちらが立てば……の状況で並んでいるさまざまな物件のなかから何かを選ぶ行為を、一般に「多目的最適化」と呼びます。

「多目的最適化」とは、簡単に言うと、複数の指標を同時に考慮すること。そしてそこで残った候補のことを、「パレート最適解」と言います。ひとつの候補から別の候補に移る際、最低でもひとつの要素が悪化する解のことです。

パレート最適解からひとつの候補を選び出すためには、どの指標をどの程度重視するかを決めなければなりません。

| バス・トイレ別 | ユニットバス |
| --- | --- |
| 駅から徒歩10分 | 駅から徒歩5分 |

決めるのは自分自身！

物件選びにＡＩを導入したとしましょう。見事にすべてのニーズ、条件を満たす物件がたったひとつだけ見つかればいいのですが、該当する物件がなければ条件を変更せざるを得ません。その結果、複数の候補が見いだされれば、ＡＩとしては判断のしようがありません。どれも指示された条件を満たしているからです。

結局のところ、最後の最後で決めきる仕事は、当人にしか、あるいは当人の責任においてしかできないわけです。最後に迷って友人に決めてもらっても、あとからコンビニが遠くて苦労すると文句をつけたところでどうにもなりません。

ＡＩが得意なのは、指示されて、複数の条件を満たす物件を探すところまで。決断できるのは人間だけです。この境目を見つけられるようになれば、この先残る仕事、残らない仕事の見分けがつくようになるのです。

## 「なんでもいいよ」が口ぐせの人はＡＩに置き換わる

自分の意思で決めていることは、案外たくさんあります。何を食べるか、次の休みに何をするかから、どんな仕事をするか、誰と結婚するかまで、誰に決めてもらうのでもなく自分で決めなければならないことはいくらでもあります。

たとえば、友人と食事に出かけたとしましょう。たくさんのメニューが並ぶなか「どれにする？」と聞かれました。こんなとき、つい「なんでもいいよ」と答えていませんか。

普段から相手に自分の決断をゆだねていると、いつの間にか仕事でも「指示待ち思考」になり、ＡＩに代替されやすい人材となってしまいます。

一方で、組織で行っている仕事、という観点で見ると、案外、自分で決められる範囲は少ないと感じるかもしれません。

いまの会社に入社したのは自分自身の意思によるところが大きくても、その会社でしている仕事がすべて自分の意思であるケースは非常にまれでしょう。

つまり、「言われてしている仕事」がＡＩにでもできるものであれば、指示をする相手はどんどんＡＩに置き換わっていくということです。となると、残る仕事は「自分で考え、決断するもの」に絞り込まれていきます。

郵便はがき

105-0003

（受取人）
**東京都港区西新橋2-23-1**
**3東洋海事ビル**
**（株）アスコム**

# 10年後のハローワーク

**読者 係**

本書をお買いあげ頂き、誠にありがとうございました。お手数ですが、今後の出版の参考のため各項目にご記入のうえ、弊社までご返送ください。

| お名前 | 男・女 | 才 |
|---|---|---|
| ご住所 〒 | | |
| Tel | E-mail | |
| この本の満足度は何％ですか？ | | ％ |
| 今後、著者や新刊に関する情報、新企画へのアンケート、セミナーのご案内などを郵送またはeメールにて送付させていただいてもよろしいでしょうか？ □はい □いいえ | | |

返送いただいた方の中から**抽選で3名**の方に
**図書カード3000円分**をプレゼントさせていただきます。

当選の発表はプレゼント商品の発送をもって代えさせていただきます。

※ご記入いただいた個人情報はプレゼントの発送以外に利用することはありません。

※本書へのご意見・ご感想およびその要旨に関しては、本書の広告などに文面を掲載させていただく場合がございます。

●本書へのご意見・ご感想をお聞かせください。
ご協力ありがとうございました。

政治の場を考えるとわかりやすいでしょう。政策をどうするか、国会で何を論じるか、論じた結果、何を可決し、何を否決するかは、最後の最後まで人の仕事になります。いろいろな答えがあるなかで、経済はどうすれば成長するか、安全保障はどうするのがベストかなど、AIには決められないからです。

議論の材料になるさまざまなデータをまとめ、実りある討議にしていくことには、AIの活用が待たれるでしょう。しかしその結果、経済が停滞し、日本の安全が危うくなったからと言って、「AIのせいでした」という言い訳は政治的に通用しません。

このように、現時点で規模の大きい仕事、組織、あるいはプロジェクトであっても、そのなかで自らの意思決定が必要なケースは限定的で、はっきりしています。自分の身の回りを思い起こしても、その線引きは明らかではないでしょうか。

従って、もしもAIに代替されない仕事をするのなら、「自ら意思決定する」ポジション、あるいは職業にいなければならないことになります。

半面、何万人も従業員がいる有名企業であっても、自分自身に何も意思決定を求められていないのであれば、不必要になってしまうリスクは高いと考えるべきです。

# AIが出川哲朗に太刀打ちできないワケ

ＹｏｕＴｕｂｅｒが、もしもたった1人ですべての仕事をこなしながらビジネスとして成立しているのなら、やはりその人はすべての決断、意思決定を自分でしているにほかなりません。そのうえで、他人が動画を見て評価してくれるのは、その動画にはほかでは見られないおもしろさや新鮮さ、情報の新しさ、芸術性などの価値があるからでしょう。

これを一般的に言い換えると、「他人とは違うことに挑める人間」「ほかの人がしていない仕事ができる人間」が残っていく、というまとめ方ができるのではないでしょうか。芸術はその典型です。

それらは、非凡な才能を持つ特異な職業、仕事だと思うかもしれませんが、私はそうとも限らないと考えます。

おそらくゴミを収集する仕事は、朝も早く、悪天候でも休めないため、やりたがらない人のほうが多い職業のひとつかもしれません。それゆえに、今後ＡＩやロボットの登場で効率化が図られていく可能性が高いとも言えます。

しかし、お笑い芸人・マシンガンズの滝沢秀一（たきざわしゅういち）さんは、ゴミ収集の仕事をしながらさまざまなことを観察し、考え、情報発信まで行っています。その内容が興味深く、おそらくご本人もおもしろいと感じているからこそ、継続してメディアに取り上げられ、ご本人の仕事にもプラスになっているようにうかがえます。

みんながあまり魅力を感じていないことのなかからおもしろい情報や有意義な話を引き上げることには、ほかにない価値、人と違う魅力があります。そして、滝沢さん自身がそれを心から楽しんでいるからこそ、深掘りができて、差別化の境地に達しているのではないでしょうか。

よりわかりやすいのは、出川哲朗（でがわてつろう）さんのような仕事です。

人によっては出川さんを評して、テレビでくだらないことばかりしているお笑い芸人とか、人からバカにされて気の毒だ、などと考えるかもしれません。

一方でこの状況は、「そういう人物」を演じることに、ご本人もテレビ制作者もコストと時間をかけ、努力を傾けた結果、成功しているとも考えられます。その結果、「ほかの誰でもない山川哲朗」の世界を作り出し、視聴率を得て、スポンサーからお金を集めたり、芸能人としての価値を高めたりできているからです。

一般化すると、「こんなことしているの、世界でお前くらいだよ！」と言われるような仕事は、決してAIには侵食されないでしょう。

ビジネスの話に置き換えれば、いわゆる「ロングテール」が残りやすいと言えるわけです。なぜならニーズも供給も少なく、そのうえ特異性があるため、簡単にAIが入り込めず、また入り込んだところでメリットが大きくないからです。

## 「経営者マインド」の人は生き残れる

こうして考えてみると、AI時代に生き残るのは、「独自の価値観を持ち、自分のこだわりが強く、最後まで自分の選択を人任せにしない人」とまとめられそうです。

## 人と同じことで優劣を争わず、誰もしていないことをする。それらすべての決定を、自分自身の責任で行う。

スキルというより、こうしたマインドが大切になってくるのではないでしょうか。

私たちに大谷選手や藤井八冠のような才能はないとしても、自分の興味・関心が高く、ライバルがいないジャンルを探していけばいいわけです。

これも結局、YouTuberで考えるとわかりやすくなります。すでに大きな人気を集めているYouTuberと同じことをしても大成功しにくいのに対して、誰もやっていない内容を探し当てた人は成功しやすいですし、また、たとえ視聴者の広がりが少なくても、安定した人気を得ることができるでしょう。

そして、一度ついた人気が、少なくともAIにそのまま奪われることはなさそうです。HIKAKINさんのYouTubeがおもしろいと思っている人に、AIが制作したHIKAKINさんの動画のようなものを提示したところで、それはHIKA

KINさんの動画ではないからです。

企業という組織のなかで働く人は、メジャーな会社や世の中で大きなポジションを占めている業種ほど、AIに代替されやすくなるのはやむを得ません。極端な言い方をすれば、すべての仕事が自動化できるのであれば、会社に必要なのは資本と経営方針を決定する経営者だけで十分だからです。

反対に、「雇われている」という意識のなかでしか働いていない人は、より早くからAIのターゲットになってしまうリスクが高くなります。

経営者は、経営者であるがゆえに自分の会社に関する意思決定をつねにしなければなりません。私は研究者でありながら経営者も兼ねていますが、結局はどちらも、自らの判断がつねに問われ、結果として返ってくる職業だと感じています。

こうしたなかで、私の知る限りの経営者は、みんなが100%楽しんでのびのび仕事をしているわけではありません。事業が立ちゆかなくなれば自分もただでは済まされませんし、従業員を背負ってもいます。うまくいくこともあればそうではないこともありますし、思わぬ事態の発生や、競合の登場などで予定や計画が狂うこともしばしばです。そのなかで、コストと利益を両立し、しかも社会的に存在価値のある事業を持続させなければなりません。

「正しい答え」がない以上、自分の考えに従って経営判断をするしかありません。

経営者マインド、あるいは経営者体質のようなものが存在するのだとすれば、それはこうした不確定、不安定な状況を、それでもなお「楽しめるか」どうかではないかと思います。

## 「仕組み化」は「AI化」の前兆

反対に、いわゆる「マニュアル」のある仕事、マニュアルによって仕組み化されていて、そのとおりに行うことで評価される仕事は、今後、危機に瀕していくでしょう。なぜなら、やることが決まっている、仕組み化されているという状況こそ、AIの得意とするものだからです。

イスラエルに住む友人から聞いたのですが、イスラエルの人は小さいころから、「人に言われたことをそのまますするのはバカのすることだ」と教えられるそうです。同じ価格でどのお店でも同じ味を提供するのがファストフード店の原則ですが、その

## 新たに資金調達を受けたAI企業数（国別・2022年）

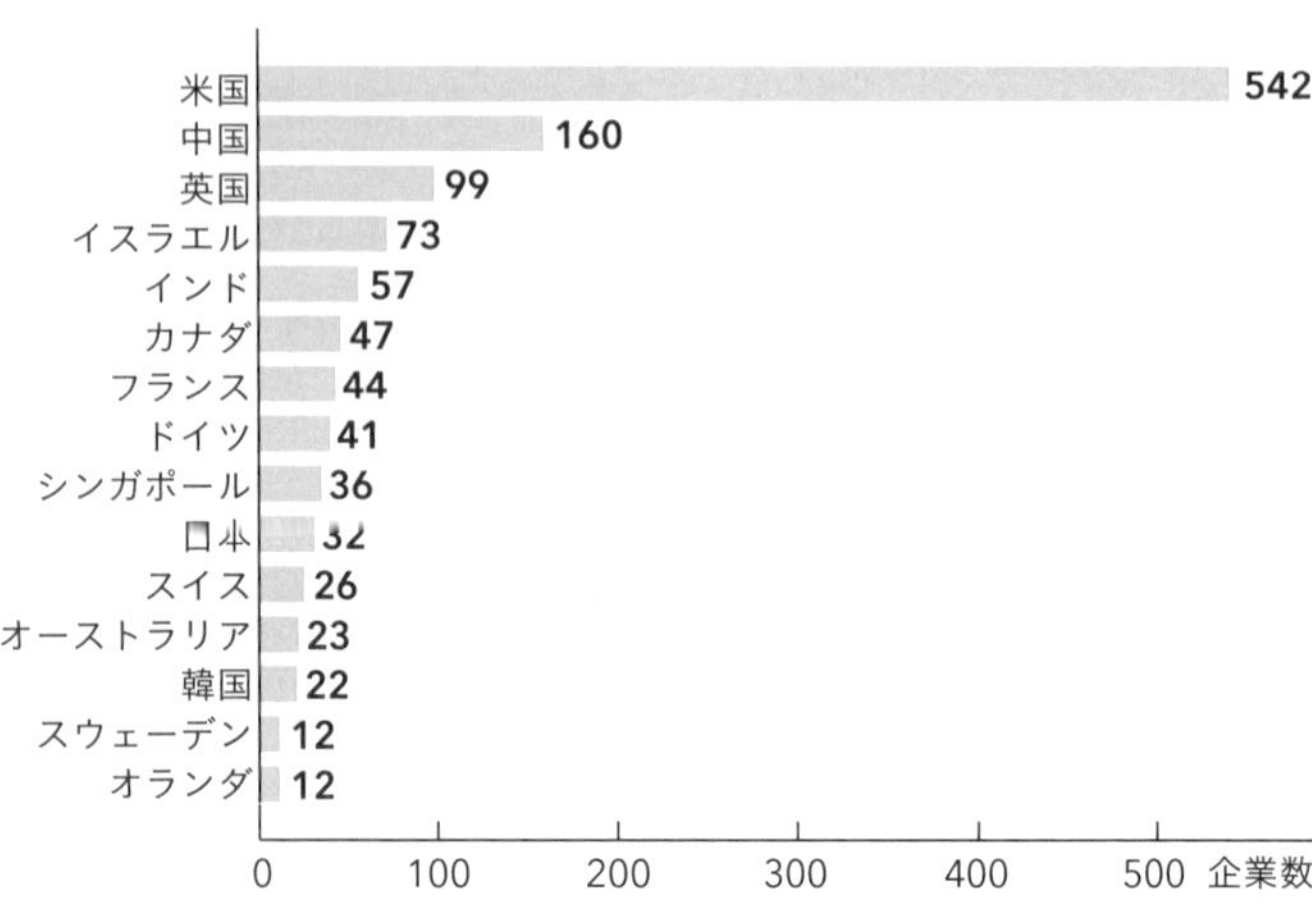


出典：Stanford University「Artificial Intelligence Index Report 2023」

教えに表される国民性からか、イスラエルのファストフード店では、みんなが好き勝手に味を変えたり、工夫をし始めたりしてしまうそうです。

この話が真実なのかどうかはさておき、そのイスラエルは1人あたりGDPで世界14位と、日本の32位よりはるかに高い順位に位置し、AIスタートアップ企業の数においては、アメリカ、中国、イギリスに次いで4番目に多い国です。

さて、ここで考えたいのは、「思考停止」に対して、私たちがどんな感覚を持っているかです。

ファストフード店で働いているのに

味の改良を研究し始め、その結果「指示どおりにしない」として解雇された人が自分だけの味で勝負をしたところ、一定の顧客から支持を受けたとしましょう。そのお店は自分がオーナーですから、自己責任ですがどう働こうが自由です。

超一流のシェフも同様です。ミシュランガイドで星を獲得しているレストランは日本に400軒ほどあるそうで、なかでも東京は、本家のパリよりも数が多いそうです。そうしたシェフもまた、AIですべてを代替するのは不可能でしょうし、顧客もそれを望まないでしょう。季節や食材の状況、顧客の目的や体調まで考えたうえで味を変え、世界のどこでも出していない独創的なメニューを考えながら、インテリアや会話の内容も洗練されていなければなりません。AIにそこまでさせたところで、規模が小さすぎて経済合理性が見込めないため、参入しようと考えるケース自体がないのではないでしょうか。

反対に、忠実にマニュアルを守り、寸分も味の変わらない食べ物をひたすら作り続けてきた店員は、おそらく、ある日突然搬入されたAI搭載の調理ロボットや接客ロボットによって代替されていくでしょう。マニュアルを守るのはAIのほうが優れていて、ランニングコストも安いからです。もしも解雇されてしまった店員がどうしても飲食業を続けたいのなら、ＡＩやロボットには作れない、マニュアルでは再現できない食べ物で、ゼロから挑まなければならなくなります。

ちなみに、世界的コーヒーチェーンであるスターバックスには、「マニュアルを超える価値を提供せよ」という企業理念があるそうです。味はマニュアルどおりでも、サービスにおいてほかでは味わえない付加価値を提供しているからこそ、現在も拡大を続けているのでしょう。

もしかしたら、ここにチェーン店が生き残っていくヒントが隠れているのかもしれません。

## 女性失業率世界一へ突き進む日本

一方、その飲食業でも多くの方が活躍する女性においては、このままでは男性より苦しい立場に置かれる可能性があります。

職業別に見ると、「事務従事者」と呼ばれる経理や事務などのオフィスワーク系ジョブをしている方が786万人にのぼり、断トツの1位。次いで看護師や教員などの「専門的・技術的職業従事者」が533万人。接客や調理・介護などの「サービス職業従事者」が５０８万人と続いていきます。

また、雇用者数における非正規労働者の数は、男性６５２万人に対し、女性は１４１３万人で、女性雇用者全体の53・６％を非正規が占める事態になっています。

これからの10年をイメージすると、ＡＩやロボットに代替されやすい職でとくに女性比率が高く、いわゆるパートや派遣といった非正規労働者も多いので、「切られる」リスクが高まるのではないかと考えます。

記憶に新しい、新型コロナウイルス蔓延下での緊急事態宣言時には、男性は35万人の雇用減少が見られた一方で、女性は２倍となる74万人が職を失いました。

ここ数年で男女間の格差是正の動きがより高まっているとはいえ、女性が活躍し続けられる土壌がまだまだ育っていないと言えます。

ですが、日本最古のハンバーガーチェーン「ドムドムハンバーガー」の社長・藤崎（ふじさき）忍（しのぶ）氏は、「丸ごと‼カニバーガー」を送り出し、〝おもしろくてかわいい〟というブランドイメージを作って、瀕死だった老舗チェーンを大復活させました。

男女で格差を作っている場合ではありません。変わりゆく時代に、性別に関係なく頭を動かし続けられる人にチャンスがある社会にしていかなければならないのです。

## あいまいだった責任の境界が、「残る職業」「消える職業」の境界になる

こうした予測を考えるにつけ、とくに子育て中の親であれば、子どもに職業という概念を今後どう教えるかが問われることになります。

それは、世の中にどんな仕事があるか、子どもがどんな仕事に興味を示すか、という内容面だけではなく、より規範的で根源的な、「働くとはどういうことか？」について考え、教える必要が出てくるということです。いまはまさに、その転換期に差しかかっているのではないでしょうか。

そうはいっても、いままでの常識を捨て去ることは簡単ではありません。

そこでまずは「職業」という概念自体を、今後はよりあいまいに捉えながら、境界が揺れ動く不確かなものとして考えることをおすすめします。

現時点での職業は、意思決定と作業が一緒に、悪く言えばごちゃまぜになって考え

られています。両者の割合は人それぞれ、仕事やシチュエーションによりけりです。意思決定をつねに求められる経営者であっても、仕事における作業の比率がゼロ、という状況はなかなか想定しにくいでしょう。

一方で、意思決定はゼロに近く、ほぼ終日作業をしているという働き方をしている人は少なくありません。そうした人たちにとって、「働く」ということは、ほぼ作業のことを指しています。

時間を守る、勤勉に働く、正確を期す、クオリティを高める……といったフレーズは、どれも働く人にとって大切で、親であれば事あるたびに子どもに教え込んでおきたい要素ではあります。しかし、今後はその部分がＡＩに変わられてしまうなら、教えたところでなんの意味があるのか、それが優先順位第1位の規範なのか、非常に微妙です。

これまでの価値観が崩壊せざるを得ないなかで、「言われたとおりに勉強しなさい」

「できるだけいい点を取りなさい」「○○大学以上を狙いなさい」と口をすっぱくして言ったところで、結果的に自分で何も決められない子どもになってしまっては逆効果にもなりかねません。残念な話ですが、小学生のころから親に進む道を決められ、その後も、「世間での相対的な位置づけ」で進路を決めている人は一定数います。自分で考え、選択してきた経験が圧倒的に少ないのです。

いわゆる偏差値に従って進学先を選び、就職ランキングや世間の評判、現時点での平均年収などを参考に就職先を決め、親が喜んでくれたとしても、意思決定が不得意な人間に育ち、AIに仕事を「奪われる」ポジションになってしまってはあべこべではないでしょうか。

そういう生き方に幸せを感じる考え方を、決して否定はしません。

平凡をよしとしながら、目立つことを避け、相対的に高いクオリティを出して働くことで高い給料が得られるのであればなおいいでしょう。

ただ、AI化の大波は、そういった考え方の存在自体が、とくに大きな企業であればこそ見逃されなくなり、逃げ場をなくしていきかねません。いままで混沌とし、癒着していた「責任ある意思決定」と「作業」の境界線が、明確になるからです。

そんななかで、自分で意思決定ができない人は、まるで映画『マトリックス』よろしく、ＡＩが台頭する世界でひたすら「養分」を吸われる人間になってしまう……というのは、少し想像をたくましくしすぎでしょうか？

繰り返しになりますが、いままでは意思決定と作業の境界線があいまいで、指示を受けて働く人も、指示を与えて働いてもらう人も、両者をあまり意識していませんでした。それがＡＩの登場と普及で、今後はかなり明確になっていくと考えられます。

## 「属人化こそ勝ち組」の時代が到来

では、どういうビジネスパーソンになっていくことが理想かと言えば、「名前で仕事を受けられる人になる」というのが適切なのではないでしょうか。

ビジネスの世界の感覚で考えると、これはいままで正反対だったと言ってもいいと思います。

「属人化」をしてはいけない、「特定の仕事を特定の人にくっつけてはいけない」というのが、とくに組織で仕事をシェアする際の重要なテーマだったからです。

誰でもさまざまな仕事をカバーできるようにしておけば、交代で職務を共有できますし、急に誰かが退職したり、病気などで人員が欠けたりしても、仕事が止まるリスクを最小限にできます。反対に、仕事が属人化していればいるほど、仕事が止まるリスクは高かったわけです。経営者の視点では、社業の核心や重要な部分であればあるほど、経営者以外の誰かに急所を握られている事態は避けたいと考えるのが自然です。

ところが、今後は属人化できない仕事こそが生き残り、属人化しなくていい仕事はＡＩに代替されるようになるのですから、いままでとはほぼ正反対の動きになります。誰でもできる仕事ほど、ＡＩに侵食されていくというわけです。

だからこそ、今後は「自分にしかできない仕事」の価値が高くなるでしょう。従ってもしも子どもに教えるとしたら「指名で仕事を受けられる人になりなさい」と言えばいいわけです。

これは、「いい大学を経ていい会社に入る」こととは相性がよいとは言えません。これまでの大企業、よい組織は、その多くが高い組織力でできていて、仕事が属人化しないように努め、誰かが抜けてもサステナブルであることが重要だからです。

問題は、こうした大企業、組織力の高い会社に入ったことで、属人化を排除する組織の文化や風土に慣れてしまった人が、自分のなかに隠し持っていた「経営者としてのマインド」「意思決定をできる力」を取り戻せるかです。

「あなたにしかこの仕事はできない」「あなたにこの仕事を任せたい」という言葉を聞けるかどうかが、これからの大きな分かれ目になるでしょう。

## 「ワンオペジョブ化」するオフィスワーク

従って、大企業で働く人の数は、当然に減っていくでしょう。同じ価値を生産するのであれば、いままでのような従業員数は必要なくなるからです。

今後は、大きな指示を出す経営層、その意を受けてＡＩを動かす層だけが残るようなかたちが想像されます。

逆に言えば、ごく近い将来、大企業のオフィスでは、リスキリングの一環として、

「AIを学べ」とか、「この仕事はAIにやらせて」という「指示」が飛び交うことになるはずです。もっともわかりやすい「振り分け」の方法です。そこに対応できない社員は、ハッピーなキャリアを送ることが難しくなるでしょう。

すでに日本の大手企業の74%がリスキリングの導入を始めていることを考えると、ごく近い将来どころではなく、もう始まっているとも言えるでしょう。こうなると早晩、多くのポジションや人員が削減されていく段階に突入します。その場合のイメージは、たとえば10人いたチームが丸ごとなくなるというよりは、10人でしていたことが5人で、3人で、究極的には1人で済む「ワンオペジョブ」が主流になると考えられます。

一方で、小さな企業や個人事業主のような働き方は、反比例的に増えていくでしょう。こののち、大企業で働けなくなった人のなかで、うまくこちら側に移行できる人が一定数いるかもしれません。

なぜなら、こうした業態のなかでは、当然に意思決定が重要になるからです。結局は「自分で決めて、人とは違う価値が出せる」形態でしか、ビジネスは成立しなくなります。大企業で働けなくなっても、「指名」で仕事が来る小さな企業や個人で成功するチャンスはあるはずです。

## 副業は「AI時代」の最低限のリスクマネージメント

また、副業に対する考え方はいまよりも寛容になり、誰もが副業を許容される文化も広がっていくのではないでしょうか。

たとえば、会社員をやりながらインスタグラムで趣味の料理写真をアップしていた人がいたとします。それが高じてレシピ本を出版したり、いずれは料理研究家として独立したり、あるいは会社に所属しながら料理の仕事を兼業したりといった方も、すでに出てきています。

AIの登場による社会の大変化は、こうした流れを後押しするのではないでしょうか。社会が変わるのであれば、そこに合わせて自分も適応しながら変わらなければいけません。そのなかで何がいちばん自分に適しているのか、どんな働き方やポジションが合っているのかは、やってみなければわかりません。

こうした揺れ動きのなかでリスクを避けながら、個人個人の生活を安定させて適材適所を図るためには、副業を認めるしかないと思います。同時に、副業はしてみたほうがいいし、積極的になってみるべきではないかとも思います。

ＡＩの台頭で余裕が生まれ、たとえば会社員であれば週休3日になったり、在宅勤務がさらにしやすくなったりもするでしょう。そこで生まれた余裕を、「意思決定」する類いの新しい副業へのチャレンジに使える人には、チャンスが生まれることにもなります。

かくいう私自身、本業の大学教員、研究者以外にも、経営者であったり、社外役員であったり、株主であったりします。これも考えてみれば副業の形態です。

## スナックのママはAI化耐性が高いワケ

AIによって大きく働き方が変化するであろう職業には、医療や司法の世界が含まれます。

なぜなら、膨大な前例や現時点でのデータをもとに病名や判例を見つけ出すような作業は、AIにも十分代替可能ですし、むしろAIに任せたほうが、正確性が高くなるからです。

では、そうした状況のなかで、体の不調や慣れない司法的な手続きを前にして不安を感じている人が選ぶ医師や弁護士はどんな人なのかと考えてみると、これは結局**「親身になって話を聞いてくれる人」**ではないかと思うのです。

その先の診断技術、司法手続きやアドバイスの質がAIによって高度に均質化、標準化されるのなら、最終的に処方箋を出してくれる医師や、自分の代わりに交渉や裁判をしてくれる弁護士が、自分の意思を汲んでくれる人物なのかどうか。とてもアナログ的な感性ながら、そういった信頼性が、じつはその仕事で生き残れるかどうかの分かれ目なのではないでしょうか。

同じことが、占い師やスナックのママなど、人や感情を相手にする職業にも言えると思います。

無論、いまでもコンピュータ占いはありますし、おみくじなど無人で占ってくれる仕組みもあります。それでもそれなりの診断料を取って話を聞き取り、直接占ってくれる占い師の仕事がなくならないのは、そこにニーズがあるからです。

スナックのママも、あるいはAIによって同じような仕組みを作ることはできるでしょう。生成AIが、入力してくる人や内容に応じて気の利いた話やペーソスのある話題を返すことができるのなら、あるいは完璧に代替することもできるかもしれません。

一方で、同じ時間や空間をともにして生身の人に話を聞いてほしい、人生の先輩としてアドバイスが欲しい、想像もしなかった答えが欲しい、ときには真剣に叱ってほしいといったニーズは、やはりなくなるとは考えにくいでしょう。そこには、実際に代替不可能な価値があると思われるからです。

この現象をここまでしてきた話と合わせて考えてみると、結局、人が最終判断の参考とする内容は、単に正確に整理整頓された情報ではなく、共感だと考えられるでしょう。

もちろん、月額500円で相談し放題の生成AIアプリがあり、考えを整理する用途であれば、それで十分という人もいておかしくはありません。

同時に、より深く考えた返答をしてくれる、共感してくれる、親身になってくれるなどといったアドバイス力やメンター的スキルを武器に、長く生き残る人が出てくるのではないかと思うのです。

## 大切なのは、「興味」「関心」から仕事を作っていくこと

ＡＩ時代の到来と、これから起こる大変化を怖がってばかりいるのも、もったいないことだと思います。

第１章の最後に、ＡＩ時代がやってくることの大切な「メリット」を、２点挙げておきましょう。

まずは、ＡＩ時代になれば、「自分の好きなことや興味・関心が高いことをしながらお金を稼ぎ、生きていけるチャンスが増える」ことです。

以前であれば、才能はあるかもしれないのに、「どうせ食えないんだから」などといった理由で、「いい学校→いい会社」路線に転向させられた、せざるを得なかった人も少なくないはずです。

音楽でも演技でも芸術でも、一部の才能あふれた人だけが職業にすることを許され、そのほかの人たちは「食うために」好きなことをあきらめていたわけです。親や

友人も、「いつまでも子どもみたいなことを言っていないで、真面目に働きなさい」と、転向を「後押し」してきました。

その流れは、逆転します。

まず、「いい学校→いい会社」の流れそのものが大きく崩れるため、そもそも「食うため」のはずだった転向が成立しなくなるリスクが高まります。

そして、そんな世の中だからこそ、やりたいこと、好きなことが明確な人ほど、むしろ強みを大いに発揮できると思うのです。客観的に述べるなら、「芸術の相対的な価値」が高まるため、いままでよりも職業として成立するチャンスが広がると考えられます。

たとえばいま、音楽の世界を見ていても、昔ながらのスカウトやオーディションではない、さまざまな流れからスターが生まれています。ＳＮＳだったり、動画サイトだったり、たった１人で好きなことを突き詰めていたら、次第に加速度的な話題を呼んで、思わぬ人が世界で大ヒットする時代です。

レコード会社や芸能事務所が評価してくれなくても、見ている人に直接訴えることができるのですから、あとは花が咲くも咲かないも本人次第です。そして、好きなことと売れること、自分がしたいことと他人が自分に求めることをうまくバランスさせ、どう表現していくかという「意思決定」を日々行うことになります。

もっとも、大ヒットではなくてもいいのです。ごく狭い、しかしロイヤリティの高いグループが作れれば、むしろお金を稼ぎやすくなる現象が起きています。広告主も、マスメディアに広告費を使うくらいなら、1万人に対する強い影響力を持つインフルエンサーを何百人も見つけてくるほうが、効果が高いことを知り始めています。

たとえばイギリス人のスチュアート・フォークスさんは、世界中の街の音を集めるウェブサイト「Ｃｉｔｉｅｓ ａｎｄ Ｍｅｍｏｒｙ」を運営しています。もともと音楽が好きで、自ら録音した環境音を取り入れた楽曲を作ってきたフォークスさんは、その環境音と、それらを生かした自らの楽曲の発表の場にしようとサイトを立ち上げ、さらに誰もが投稿できるかたちにしました。すると世界中から音源が届くようになり、いまでは１１０を超える国・地域で録音された約６０００音源がサイトに掲載されているそうで、そこにはなんと北朝鮮の地下鉄の音も含まれているそうです。

好きなことが明確なら、大チャンスです。あとはマネタイズとどうバランスを取るか、誰に言われることなく自分で責任を持って考え、自分で意思決定し、行動していけばいいのです。

## 「本当にやりたいことは何か」が問われている

もうひとつの「メリット」は、その裏返しです。

ＡＩが得意なことで、人にとって気の乗らない仕事は、ＡＩがあれこれやってくれるのです。その結果、嫌いな仕事をする必要がない社会が実現するかもしれないわけです。

あまり気は乗らないが、しなくてはいけない仕事は確実にあります。また、そうした仕事にも誠心誠意、真面目に臨むことは、長い間日本では「よいこと」だとされてきました。

しかし、ＡＩはそこを崩し、価値観を変えていくでしょう。

そして、ＡＩによる変化は、長い間なかなか効率化できなかった事務などの知的労働を高度化、効率化していきます。より広い範囲で適用されるため、おそらく世界的に生産性は上がっていくでしょう。

私のような人間は、きっとそんななかでも自分のしたい仕事を続けます。ただ、

「もともと仕事をしたいなんて思ったことはない」と考えている人が、本当に仕事をせずに暮らせる社会を考えることも、あるいはＡＩの社会を持ってすれば可能かもしれません。

それが、いわゆる「ベーシックインカム」や、決められた所得水準以下の人に国が一定額給付する制度「負の所得税」のようなかたちで還元され、社会や経済がバランスするのであれば、**「やりたくない仕事」**はＡＩに押しつけて、**「おもしろくない仕事」からは解放される日が来るかもしれません。**あるいは、本当に助けを必要としている人々や福祉に、いままでより多くの財源を回せるようになるかもしれません。

もう日曜の夕方に『サザエさん』を見ながらゆううつになる必要はありません。定年後にやりたいことを見つけられず、燃え尽きてしまったような状態にもなりにくくなるでしょう。

そして、本当にやりたいことを再び見つけ出していければいいのではないでしょうか。

職業とやりたいことは、必ずしもイコールではありませんでした。しかし今後は、

ＡＩによってそれが成立し、やりたいことこそが「働くこと」になるのです。
問題はそのとき、私たち自身が本当は何をしたいか、なぜそれをしたいのか、ということを明確にし、それを自分の意思をもって決めるということ。つまりは「意思決定」です。

ＡＩ時代の到来が本当に問うているのは、「あなたならどうするのか」ということだと思うのです。

続く第２章では、10年後に「なくなる仕事」、「伸びる仕事」を仕事別に考えていきます。そのうえで、第３章、第４章では、ＡＩが到来したあとの世界で、私たちがどうすべきか、どう生きるのかをテーマに、より掘り下げて考えてみたいと思います。

# 第2章

# 10年後に「なくなる仕事」「伸びる仕事」

## 10年後の仕事はどうなるのか？

この章では、ＡＩの成長と普及によって、いまある仕事が10年後どうなっていくのかを、私なりの分析を込めて考察していきます。

ところで、「なくなる仕事」「残る仕事」というテーマで考えた場合、「職種」（たとえば事務職、ドライバー、アーティスト……）がキーになるとも捉えられますし、同時に「業種」（製造業、接客業、小売業……）とも捉えられますが、この章では、便宜上「業種」を切り口に考えていくことにします。

実際は、企業あるいは業種としてＡＩ時代に残りやすいものもありますし、同じ企業でも職種によって代替の度合いは違ってくるでしょう。

ＡＩ以前の情報技術の発達においても人が削減されてきたことは明確ですが、人を減らしてきた企業が衰退したかというと、それはまた別の問題だということです。かけ合わせながら考えることがポイントになるでしょう。

また、それぞれの項目に対して、現時点から10年後をイメージした際、どこまでAIによって代替されているかを見える化するため、「AI化率」と称して私なりに数値をつけました。もっとも、AIは現在進行形で成長、発展し、さまざまな開発や応用が急速に進んでいる最中ですので、ある程度思いきった考察であることは、あらかじめ承知しておいていただければと思います。

そもそも、本書のタイトルの一部でもある「ハローワーク」という言葉が、もう使われなくなっている可能性が考えられるほど、大きく時代が動いていくでしょう。

実際に5年、10年たったあと、この章を読み返してみたらどう感じるのか、個人的には楽しみでもあります。

AI化率 70％

# ホワイトカラー

事務職　営業職　研究職　技術職
販売職　管理職　ほか

FA、OA、そして DX……。
既存のさまざまな「自動化」でも代替できなかった
知的労働にも、避けられない波が押し寄せる

「業種」をキーに考えていくと宣言しておきながら、いきなりの例外で申し訳ありません。しかし、ＡＩの成長と普及が端的に代替するのは、あらゆる業種、企業における「知的労働」、つまりいままでホワイトカラーが生み出してきた価値です。

次の項からは業界別に見ていきますが、どんな業界であろうとホワイトカラーが瀕する危機に大きな違いはありません。もっとも、業種や企業によってはそこまでＡＩによるネガティブな影響がなかったり、むしろメリットを得て成長したりすることもあります。そうしたなかにいるホワイトカラーは、企業全体として需要が増え、業績が伸びることで逆に守られたり、企業内でていねいなリスキリングの機会を得る余裕を与えられたりするかもしれません。

一方で、業種、企業としてもＡＩに代替されてしまう場合は、企業も生き残りをかけて事業を再構築するしかありません。すると真っ先に「椅子」が少なくなるのは、製造的な仕事ではなく、ホワイトカラーになると考えられます。

前置きはこのくらいにして、なぜホワイトカラーが「なくなるかもしれない危機」に瀕しているのか、改めて整理しておきましょう。

まず、現時点においても、ＣｈａｔＧＰＴに代表される生成ＡＩは、大卒の学生程度の事務処理能力は持っていると考えられます。大学入学試験や医師などの資格試験において、「優秀な生身の人間」にも負けない点数を出せますし、それぞれの企業においてカスタマイズした学習をさせることも容易です。

優秀な大学を卒業した人間一人を40年以上雇う場合にかかる数億円の人件費と、生成AIを導入するコストを比較した場合を考えれば、結論は明らかです。

じつはこれまでも、「自動化」といった流れのなかで、さまざまな雇用の場が減ってきました。FA（ファクトリー・オートメーション）で産業用ロボットや電子制御できる製造装置が普及した結果、工場で働く人の数は減り、働き方も肉体労働的なものから監視、運用するかたちへと変化していきました。「年収が高い」と評判のキーエンスは、まさにこのFAシステムの研究・開発・設計・製造を行っている企業です。

ＯＡ（オフィス・オートメーション）というと、もはやかなり昔の感覚になりますが、ワープロやパソコン、コピー機、業務管理システム、そして総合的なＤＸ（デジタルトランスフォーメーション）の流れがやってきたことで、いままでも事務職の「椅子」は、業務の効率化、あるいはリストラなどの名のもとに減ってきたわけです。来訪者は無人の受付でＱＲコードをかざすようになり、出てくるお茶はペットボトルになりました。かつてはその過程にも人がいたのです。

そして、いよいよ「知的労働」と言われてきたホワイトカラーの仕事が、直接、しかも急激に代替されるときが来たわけです。

2023年、すでにアメリカの有名なテック企業は、マイクロソフトを除いて雇用を減らし始めました。彼らは生成AIを普及させていく主役でありながら、AIによってその他のホワイトカラーが必要なくなってしまったのです。

ただその形態は、たとえばそろばんが計算機に、計算機が表計算ソフトに代替されたこと、タイプライターがワープロに、ワープロがパソコンやタブレットPC+ソフトに代替されたようなゼロサムのかたちではないと考えられます。

具体的には、「意思決定」に至るまでのプロセスがAIに代替されます。「情報を収集する」「情報をまとめる」といった作業です。

個別のシチュエーションを思い浮かべてみましょう。企業でなんらかの意思決定を行う際、資料や企画書を作るとします。この仕事には、作る目的や使い方という意思と、より質のよい資料を作るための能力が必要です。

ＡＩはこのうち、より質のよい資料を作るための能力に長けています。資料を必要とする意思決定者が目的や用途を指定するだけで、広範囲のデータを素早く検索し、たちまち文章や図表にまとめることができます。一度できあがったものを修正していく過程を重ねたとしても、これまでの数パーセント程度のコストと時間で、これまでよりも満足度の高い資料ができあがるはずです。

では、決定権を持つ人と、いままでその人を支えていた10人のスタッフがいた職場では、どうなるでしょうか。情報を収集し、まとめるには、今後はＡＩとそれを操作する１〜３人くらいのスタッフで済んでしまうでしょう。では、残りの６〜８人のホワイトカラーはどうなるのか、という話なのです。

２０１３年にオックスフォード大学の研究者、マイケル・オズボーン氏などが発表した論文「雇用の未来」で、アメリカの労働者のうち、47%の職業がＡＩによって消えるかもしれないと予想されたことが大きな話題になりましたが、その具体的な姿は、おそらくこういったかたちになると考えられます。

しかし、本当に必要なのは、資料ではなく「意思決定」です。ＡＩは、その事実を明確にしていくことになります。

そして多くのホワイトカラーが、いままでの「頭脳労働者」の感覚を捨て、自ら意思決定する側に回らなければならない理由はここにあります。

「その人の名前がブランド化している」状態が、意思決定のできる姿です。「属人化」はこれまで悪いキーワードと思われてきましたが、ＡＩの普及後は、人から切り離せない仕事こそ残るのです。営業で言うならば、誰から買っても同じものであれば価格がおもな競争力になりますが、「誰から買うか」に価値を見いだすようになれば、ＡＩには代替されにくいと考えられます。

ＡＩの普及は、必ずしも悲観的なだけではありません。ＡＩによる知的労働の代替があらゆるビジネスの効率をよくすることで、新たな需要やビジネスが創出されることも十分考えられます。その場合、よりスリムになった意思決定組織が多数できることを意味します。早めに意思決定型の働き方に転換することができれば、今度は逆にＡＩを味方として、新しい道を切り開いていくこともできるでしょう。

一方で、人手不足がはっきりしている「ブルーカラー」への転職を考える人も、自然なかたちで増えていくのではないでしょうか。

AI化率 50%

# メーカー

食品 飲料 化粧品 衣料品
住宅 家電 家具 ほか

人手不足や安全性の面から AI ロボットの導入が加速。一方で「ブルーカラーの在宅勤務」が実現する時代が来るかもしれない

広くメーカーを考えた場合、実際に工場でモノを生産する人と、バックオフィスで働く人に分けられます。

ホワイトカラーの項目でも述べたとおり、いわゆるブルーカラーの仕事はずっと以前から自動化、省人化が進み、厳しいコスト管理の下に雇用されていました。日本は世界有数の自動化が進んだ国で、それができなかった企業はすでに消え去ったわけです。

では、ＡＩの登場で大きな影響を受けないかというと、そうではないと思います。

建設現場を考えてみてください。建物の規格化、現場の自動化や機械化が進みましたが、じつは人手が必要な作業は多く残されています。ただその労働力は、非熟練の単純労働者でまかなえます。

そこに、ＡＩを搭載したロボットが導入されていくとします。

残るのは、設計や安全管理、現場の監督、そして本当に人の手でしかできない細やかな、あるいは高級感の出せる作業だけになるでしょう。

これはコストカットや安全性向上の意味でも重要ですが、むしろ建設現場で長い間続いてきた人手不足の解消方法として期待されるでしょう。

建設現場だけでなく、日本のブルーカラーは慢性的な人手不足に悩まされてきました。世界有数のロボット密度であっても、まだ人手が足りないのです。しかし、もはや解決のための決定打はありません。いまさら出生率の低さに大騒ぎしたところで、回復には数十年単位の時間が必要になります。外国人労働者を移民として動員するか否かについては、労働力不足の面だけではないさまざまな議論が必要になります。もっとも、そうこうしているうちに外国人労働者が日本を「選んでくれる」魅力を保てなくなれば、いよいよ手詰まりです。

ＡＩとロボットの発展と融合は、この部分において大きな福音になると予想します。むしろニーズの大きい日本が、この分野での研究や実際の応用をリードしていくことを考えるべきでしょう。

その具体的な姿は、いままでは「作業」だけを担ってきたロボットに知能がつくことで、より知的な作業を素早く正確に行えるようになるイメージです。

たとえば京セラでは、２０２３年から、人が行ってきた作業を代替する「協働ロボット」を運用するシステムを売り出し始めました。ＡＩを用いて画像を認識するソフトをクラウドで供給すると言います。

こうした流れが加速していけば、いままでは人の判断が必要だった現場に、さらにロボットの普及が進むでしょう。また、ＡＩロボットを操作することで生産が可能ならば、オペレートは現場にいなくても可能になります。いわば「ブルーカラーの在宅勤務」も実現するかもしれません。

日本の少子高齢化には、もはやこうした方法で立ち向かうしかありません。見かけ上のＡＩ化率は高いでしょうし、高めるべきでしょう。

その結果として供給力が保たれ、人材のボトルネックが解消されるのであれば、生産現場は増えていくと考えられます。ホワイトカラーに比べてメーカーで働く人たちの仕事は、結果として残りやすいと推測します。

一方で、企画開発などの仕事はホワイトカラーと同じです。他人にできない発想を持つエンジニアは、ＡＩで代替されにくいばかりか、ＡＩを利用していまよりもさらに効率よく仕事ができるようになるでしょう。

AI化率 50%

# 商社

ホワイトカラーの象徴でありながら、意思決定できる人の集まり。
AI 時代にさらに活躍の場を広げる可能性大

なんでも扱う「商社」という業態は、日本で独自の発展を遂げたと言われることが多いそうです。

商社はホワイトカラーの集合体、いわば権化のような存在であるように見えますが、私は意外にAI時代の社会の変化にマッチしているのではないかと考えます。

商社というと、エネルギーや穀物などのモノを世界のあちこちから調達し、適所に販売して利益を得ることが思い浮かびますが、その過程において情報の収集や金融の提供といった、一見商社らしくない方面にも長けていることになります。トータルで動ける規模がありながら、一方でさまざまな扱い品目ごとに細分化された中小企業の集まりのようなかたちでもあるわけです。

もちろん、商社で働く人は一般にホワイトカラーですから、彼らの業務がＡＩによって大きく効率化されていくことは変わりません。

一方で、ＡＩの成長と発展、普及は、それ自体が大きな経済活動となるのですから、さまざまなモノやソフトが更新されるという需要を生み出します。新しい企業が生まれ、新しいサービスが生まれれば、当然いろいろなモノが必要になり、新しい販路や物流が必要になるわけです。

つまり商社は、（すでに進めているとは思いますが）ＡＩに特化した事業を大きくできれば、これから世界中で起きる変化が大きいほど、チャンスを広げられる潜在力があるのではないでしょうか。

たとえば三井物産では、アメリカのＡＩ医療診断企業に出資し、その技術を組み込んだ診断システムを医師不足の途上国に売り込み始めているそうです。

商社の仕事には、エネルギー、小麦……といったモノの貿易だけでなく、システムそのものを丸ごとコーディネートし、販売するといったスタイルの仕事もあります。

こうした変幻自在さ、状況を読み、考える力の強さがある商社は、むしろＡＩ時代でも生き残るだけでなく、より業績を伸ばすチャンスもあるでしょう。

商社で働く人のなかでも、いわゆる「商社マン」の場合は、少なからず経営者のマインドや、意思決定の仕事をし続けてきたはずです。市況や情勢を読みながら、ギリギリのところで判断ができなければなりませんし、自社でモノを作っていない以上、どこにどのような新しい商材があるのか、最近の世界ではどのようなニーズがあるのかをつねに両にらみしながら、問題解決のプロセスに絡んでいく仕事のスタイルが要求されます。

つまり、商社の中核にいる人ほど、より個々が企業のような、経営者のようなマインドを持っていることになるのです。

こうした人たちがより活躍できるようになるのがＡＩの時代です。さまざまなリソースをまとめ、コーディネートしながら新しい価値を生み出す発想は、ＡＩにはなかなか代替は難しいと思います。

AI化率 60%

# コンサルタント

戦略系コンサルタント　会計系コンサルタント
人事系コンサルタント　ITコンサルタント　ほか

アシスタントはすべてAI化。
しかし大きな組織の業態は廃れてもニーズはあり、
スリム化できれば伸びていく期待大

コンサルタントというと、まずは外資系も含めた年俸の高い大企業……というイメージが浮かぶでしょう。ＡＩが普及すれば、こうした大きな形態、チーム単位で動く大手コンサルのスタイルは存在しにくくなるのではないかと考えられます。

優秀な大学を卒業したトレーニーやアシスタントが、現在ではコンサルタントの現場を支えています。プレゼンテーションのための資料を集めたり、情報を整理したりする、いわゆる「アナリスト」や「リサーチャー」的な仕事です。

コンサルタントの現場では、まずはこうした仕事が修業であり、通過儀礼だと考えられてきました。なんらかのプロジェクトの末席に加えられて上司や先輩の動き方を見ながら、そのサポートをすることで能力を磨き、また会社側もそこでの働きぶりやアウトプットの質を見て引き上げてきたのですが、その仕組みはもはや存在しなくなるでしょう。ＡＩで優秀な分析やリサーチが格安の価格でできるのですから、顧客側がそこに高い価値を見いださなくなるからです。

ＡＩの導入が進めば、コンサルタント企業はダウンサイジングを余儀なくされ、価格もそれに並行して低廉になっていくと考えられます。コンサルタントは人気の高い業界ですが、同時にＡＩに職場を奪われる脅威を感じている人も多そうです。

たとえば世界4大会計事務所のひとつ、ＫＰＭＧでは、ＡＩを使った監査の不正発見や効率化などを進めていると言います。このような姿を内側から見ているほうからすれば、やがて自分の「椅子」も……と考えるのは無理もありません。

コンサルタントと言っても業態はさまざまで、まさにコンサルタントのみに特化している企業もある一方、システムなどのカスタマイズまで丸抱えで受注しているところ（ＩＴコンサル）もあります。もし今後、ＡＩの発展と使いやすさの充実で、一般企業であろうと比較的簡単に自社向けのシステムがカスタマイズできるようになれば、**ＩＴコンサルは大きな影響を受ける**ことが考えられます。

一方で、私は「コンサルタント」という仕事自体はＡＩの影響をあまり受けないと考えますし、むしろコンサルタント業界全体では、業容の変化はあっても伸びていく可能性さえあると見ています。

さまざまな企業でホワイトカラーが仕事を失うなかで、全体としては小さな意思決定をする業態が生まれていきます。究極的には一人ですべてを行うことになります。

意思決定をすることの大切さは当然ですが、その意思決定が正しいかは、むしろ一人で考えれば考えるほど不安にもなりますし、そもそも客観的にあらゆる可能性を想定したうえで判断を下せるのか、強い自信を持てる人は多くはないと思います。

もはやＡＩがあるのだから、ＡＩに尋ねてみて「穴」がないかチェックすることもできるでしょう。あるいは、ＡＩによるコンサルティングサービスも生まれるかもしれません。

ただここで、本当に重要な最終決断までをすべてＡＩに頼って決めていいのか、という疑問が生まれると思います。人と人をつないでくれたり、意思決定を助けてくれたりする存在として生身の人間に相談し、アドバイスを受けたい、またはよりＡＩを活用するために相談したいというニーズはむしろ増えるとさえ考えられます。

一方、供給側のコンサルタントも、今後は細分化、小規模化し、かつそれぞれが意思決定の主体となる顧客に合わせて、安い価格で意思決定のサポートをするスリムな業態であれば、ニーズにマッチするのではないでしょうか。

つまり、大きなコンサルを脱して自ら経営者となり、自分の意思決定も顧客の意思決定のサポートもできる小さなコンサルがたくさんでき、ＡＩを活用しながら競争を繰り広げるのではないかと予想します。あるいは、それができる人こそ、本当のコンサルタントではないでしょうか。

# テレビ・出版・新聞

テレビ局　出版社　新聞社　記者

カメラマン　ライター　デザイナー　ほか

誰でも書ける記事の執筆はAI化。
しかし誰も知らない話は、決してAIには書けない

いわゆるマスコミ、マスメディアとＡＩの関係は、親和性があるとも考えられますし、競合的、あるいは正面から利害が衝突しているとも考えられます。

結論から言えば、「誰が作っても同じようなコンテンツ」であれば、ＡＩの大いに得意とするところです。どこかで見たような内容やアイデアを上手に編集し、まるで初めて作ったかのようなものに仕立てることは十分にできるでしょう。

一方で、それをするべきか否か、あるいはすることに社会的な意味、利益はあるのか、という問題も盛んに論議され始めています。

たとえばこんなケースを考えてみましょう。

インターネットの普及によって、いわゆる「ネットニュース」の需要は急増しました。ＮＨＫの調査によれば、50代よりも下の世代では「紙のニュース」よりも「ネットニュース」の利用率が高く、20代ではネットニュースが5倍以上、30代では同じく7倍以上と圧倒的です。

一方で、「ネットニュースで知りました」というのは最近でもやや自嘲的な響きを持つと感じます。マスコミ側では、ほかのメディアが作成した記事を引用、切り貼りして生成した記事を「コタツ記事」（実際に取材のため外出をする必要がなく、コタツの上で作成できる）と呼んで批判するそうですが、**この「コタツ記事」生成こそ、まさにAIの得意とするところです。**

ただ、既存のメディアも黙ってはいません。インターネット上に公開したテキストをＡＩの学習に無断で使われるのは知的財産権上問題があるとして、日本でも日本新聞協会を中心に、対価を支払うよう著作権法を改正する動きを起こしています。

海外でも、ニューヨーク・タイムズが、ＣｈａｔＧＰＴのオープンＡＩを著作権侵害で提訴しています。

この行方は注目する必要がありそうですが、俯瞰して考えると、結局のところ、**取材をして新しい記事を書くという行為自体はAIに代替されにくいことを示してい**るとも言えます。ＡＩにできるのは、あくまで成果物の学習だからです。

もっとも、こうしたいわゆる一次情報を伝える記事であっても、たとえば日本経済新聞は東京大学の松尾豊研究室と共同で、企業の決算内容を、ＡＩを活用していち早く記事化することに成功しています。企業の決算発表はデータで提供される一方、情報ニーズは記事としての形態であるため、ＡＩの能力がうまくマッチしている例だと言えそうです。

また、テレビニュースなどをＡＩ自動音声やキャラクターなどに読ませる試みは、すでに世界中で始まっています。インドではＡＩキャラクターのニュースキャスターが誕生したとか、スイスでは天気を伝えるＡＩ予報士キャラクターが人気だと言います。こうした、一次情報を整理する以降の仕事に関してはＡＩによって効率化され、また速報性やソフト的な面でもメリットがあるでしょう。

ただし、メディアの伝えるコンテンツの根幹を作り出すのは、やはりＡＩには不向きですし、人々のニーズもあまりないのではないでしょうか。創造的な分野、未知の情報を探り、実際に確かめてみるニーズはなくならないでしょうし、むしろAI時代だからこそ、**一次情報の価値は高まる**のではないかと考えます。

ＡＩと著作権を巡る法令面での対立も、こうした状況を踏まえて情報の出し手・受け手の利益を最大化できるようなかたちでルール化してほしいものです。ＡＩ自体が「コタツ記事」を再学習して世の中の議論を劣化させたり、ましてフェイクニュースを増幅させたりしてはならないと思います。

AI化率 70%

# 小売

デパート　スーパーマーケット
コンビニエンスストア　書店　家電量販店　ほか

やがては、店長以外はロボット化する。
しかし、小型店でも個性的な店舗には光も

スーパーやコンビニをはじめとする小売業界でも、ＡＩによる技術革新はすでに始まっています。

小売業界では、他業界よりもＡＩを積極的に活用し始めていると感じます。なぜなら小売業は構造的に利益率が低いうえに、いまや深刻な人手不足です。人件費がさらに利益を圧迫しているという以上に、もはや本当に必要な人材も採用できない状況にあるからです。

コロナ禍もあって、日本でも自分で精算するセルフレジが広まりました。小売というニーズはなくならないなかで、セルフレジは、人口減少、少子高齢化の日本がAIをうまく小売ビジネスに生かす実験の場になりそうです。

じつは私が創業に関わり技術顧問として参画しているベンチャー企業「ＡＷＬ（アウル）」で開発しているエッジＡＩと呼ばれる情報処理のシステムは、小売店舗での活用をメインとしています。

店舗にはたくさんの防犯カメラが設置されていますが、ここで得られる映像情報を顧客の動きや購買行動の分析材料として利用できれば、いままでは統計を取ること自体難しかったデータが低コストで集まり、経営効率を改善できます。分析を行うＡＩ

はクラウド上にあるため、安価で利用可能です。また、画像で顧客の属性を分析し、店内に掲出しているサイネージ広告を見て実際に購買に結びついたかなどの分析も可能です。

顧客にとっては欲しいものが入手しやすくなり、小売業界にとってはPOSシステム以上に、より売れる商品を効率よく販売できるようになります。いままでは人の目と店長や仕入れ担当者の勘に頼っていた分野ですが、熟練を必要とせず、かなり正解に近い情報がAIによって誰でも利用できるようになるわけです。

AIを活用して効率を上げる動きは、全国で広がっています。

たとえば大手のイオンは、配送用トラックの最適ルートをAI活用で割り出し、総走行距離を1割減らすとしています。広島が地盤の食品スーパー・フレスタでは、無人レジの導入と合わせてAIによる来店客数の予測を開始し、今後は需要予測や自動発注にまでつなげていくそうです。小売業向けのシステム開発が専業のヴィンクスでは、AIを利用して季節的に売れる商品の自動発注の精度を高めるシステムを開発しています。

こうして、まるでいままでは工場や倉庫などで起こっていたような、人間と機械やロボット、そしてAIがともに働くことでビジネスを持続させていく仕組みが、街角の小売の現場にもやってきつつあるのです。

やがては、仕入れも顧客管理もAIが行い、レジはセルフという店舗が増えていくでしょう。大げさではなく、店長以外全員AIとロボット、あるいは店長さえ不要で、品出しさえもロボットが行う時代がやってくることもそう遠くはなさそうです。

ただ同時に、小売店舗にわざわざやってくる顧客の心理には、生身の人間とのちょっとした触れ合い、なじみの店員との会話が楽しみだという思いもあるでしょう。人が売っていることで生み出される活気や熱量、あるいは売り場をプレゼンテーションしていく力というのは、なかなかAIには代替できないものと考えられます。

こうした「カリスマ店長」「スーパー販売員」のような人とAIがうまくタッグを組んだ、小さいけれどそこでしか味わえない魅力のある店舗が増えていくと思います。

小さくても個性的な店が増えていき、サステナブルになっていけば、間違いなく世の中は豊かになるからです。

AI化率 90%

# 金融

銀行 保険会社 証券会社 ほか

AI 化がもっとも進む業界。
ごく一部の人以外は不要になる可能性が大きい

私が、もっとも大胆かつ大幅にＡＩによる代替が起こると考えているのは、金融の世界です。

金融業は、お金を集め、お金を融通していく仕組みですが、そのさまざまな過程においてＡＩのほうが人よりも上手に、しかも確率的に有利な答えを出すことができます。結果として「意思決定」できる人だけが残り、金融業界の利益率はよくなります。一方で、多くのホワイトカラーは居場所を失うでしょう。

本格的なＡＩの登場前から、金融業界では情報化による効率化の波が押し寄せています。人間関係とさまざまな景品で保険契約を集めていた外交員の代わりに、人々はスマホで保険の見積もりを自由に取れるようになりました。ネットバンキングやネット取引が普及し、わざわざ銀行や証券会社の店頭に出向く必要性は激減しました。その証拠に、多くの店舗が統合や閉鎖となりました。

こうした状況に、ＡＩはさらなる大きな変化をもたらします。

これは、受付や質問の回答をＡＩのチャットボットが行うような例だけに限りません。金融業の本質は、業務の効率化やＩＴ化以上に、貸出先や投資先のリスクとリターン、保険の引き受け条件や、さまざまなマーケット情報の分析にあるからです。

ＡＩはその分析の作業を、極めて迅速かつ正確に行います。決算はデータ化できますし、取引先や事業分野ごとの詳細もまた同様です。金融はもともと確率を追い求めるビジネスだと言えますが、それこそまさにＡＩの得意分野です。あとは、融資するかしないかの決定を行うだけです。

銀行だけではありません。融資先の信用力がＡＩによる安価で確度の高い分析で見定められるならば、銀行を通さずに高い利回りを狙って行うソーシャルレンディングなどの直接金融が一段と発達しやすくなり、銀行の領域をいっそう侵食する可能性もあります。

同じことは、保険業界でも言えるでしょう。

そもそも保険を引き受けるかどうか、あるいはどのような保険商品を設計していくらで販売するかは、リスクを分析したうえでリターンを決める分析の作業です。さらに細かく見れば、契約時のカスタマイズや顧客からの保険金請求、さらには不正請求の防止に至るまで、すべてにおいてＡＩが活用できます。しかもこの動きは、すでに世界中の保険会社で始まっています。

証券業界など投資の世界も同様です。顧客の注文を取り次ぐだけであればＡＩはそこまで大きな影響を与えませんが、最近は投資自体をＡＩに任せる投資信託が大きな好評を得ていると言います。いわゆるロボアドバイザーですが、このうち投資判断まで一任するタイプの金融商品の資産残高は、大手5社では、最近5年間で9倍に増えたそうです。成績の出ていない投資商品が人気を集めるわけはありませんので、実績も出ていると考えられます。素人の自分があれこれ考えて失敗するくらいなら、安価であればＡＩに任せたほうがいいという流れができあがりつつあるわけです。

私は金融業界のＡＩ化率を90％としました。金融では、究極的にはお金そのものが大切なのであって、人の重要性はあくまで判断をするその瞬間だけです。

そして、残る10％のなかには、決してＡＩには担えない判断が含まれるでしょう。たとえば、まだ海のものとも山のものともつかない、検証できるデータのない新しいビジネスです。ＡＩが分析すれば高リスク、投資不適格となるかもしれませんが、未来予測ができて意思決定できる人には、そこに大きな投資や融資のチャンスが見いだせるかもしれません。

AI化率 10%

# サービス

美容師 マッサージ師 調理師
パン屋 花屋 ほか

子どもが憧れている「お店屋さん」は、まさにAI時代の理想的な働き方に

サービス業とは、かたちのないサービスを提供する、もしくは顧客に対して直接サービスを提供する仕事を指しますが、ここではいわゆる「サービス業」というよりは、子どものなりたい職業ランキングでよく見かける、親の目線からは比較的零細な職業について述べていきます。たとえば「パン屋さん」や「花屋さん」、ほかには美容師やシェフなどが該当します。

近年は「ＹｏｕＴｕｂｅｒ」も根強い人気ですが、もしかしたらそれもこの項に入れていいかもしれません。

ところで私は、そうした職業は、おそらくＡＩに代替されることはほとんどない、と考えています。

もっとも、小さなお店やフリーランスで働く人たちはそもそも不安定で、軌道に乗る前に事業が立ちゆかなくなることもあるでしょう。ただ、それがＡＩによってより大きな影響を受けるかと言えば、あまり関係ないか、むしろメリットのほうが大きいのではないかと思います。

まず、フェイス・トゥ・フェイスが前提である小さなビジネスには、とくにそこに「身体性」が伴っているとなお、ＡＩやロボットに代替される可能性は低くなります。たとえば美容師やマッサージ師の仕事を、ＡＩを搭載したロボットに代替させること自体は可能でしょうが、では顧客は、著しくコストが安くなっているならまだしも、似たような価格ではたして進んでＡＩやロボットに施術されることを好むでしょうか。最初は物珍しさから試す人もいるかもしれませんが、やはり人に戻ってくるのではないかと思います。

この背景を考えてみると、結局、小さなビジネスや身体性の強いサービスは、供給してくれる「人」自体にも大きな価値があるからなのではないかと思います。

美容師さんに髪型を相談しながらカットしてもらったり、パーマをかけてもらったりすることには、それ自体に魅力や満足感があります。一方で、あれこれ話しかけられるのがいやで、無言で切られたい人にはいわゆる「１０００円カット」などの業態があり、これは場合によっては将来ロボットになるのかもしれません。

パン屋さん、ケーキ屋さん、お花屋さんも同じでしょう。ＡＩやロボットが正確かつきれいに焼いたパン、ＡＩがおすすめしてくれる花束も悪くはありませんが、すでにうまく商売をしている人たちは、やはり自分のセンスや味に魅力を感じてくれているリピーターが存在しているからこそなのではないでしょうか。

もっとも、こうした小さなサービス業の主人も、自分の「助手」としてＡＩを取り入れることは大いにあり得るでしょう。顧客の顔や髪型を撮影して分析すること、最近流行のスタイルを試しに適用してみることなど、いままでとは違った価値が提供できる機会はありそうです。

ただそれでも、やはり最後は人の手になるでしょう。よく知っている人に任せることへの安心感、信頼感には、それ自体に価値が存在するからです。

そして、忘れてはならないのは、こうした小さい単位の「お店屋さん」も、あくまで経営者である点です。彼らは決して言われたまま動いているわけではなく、どこに出店し、いくらの値段をつけ、どんなことにコストをかけ、何を勉強し、誰を顧客として大切にするかなど、すべてにおいて自ら「意思決定」している主体なのです。

私はむしろここに、ＡＩ時代に残る「働く価値」のわかりやすい姿があるのではないかと思うのです。

AI化率 80%

# ソフトウェア、プログラミング

プログラマー　システムエンジニア　ほか

ごく一部のプログラマーが生き残る業界に。
指示どおりにプログラムを書いていた人たちは危うい

プログラミング、あるいは職業としてのプログラマーは、私の「祖業」といってもいい分野です。小さなころの「趣味」は、プログラムを書いたり研究したりして、パソコンを動かすことだったからです。

ところで、プログラムを書くという作業自体は、生成AIでかなりできるようになっているのが現状です。

ChatGPTでも、小規模なプログラムであれば十分実用に耐える仕事をしてくれます。また、アメリカのギットハブが提供するサービス「Copilot Workspace（コパイロット・ワークスペース）」では、解決したい問題を言葉で記述するだけで、AIが代わりに解決方法からプログラム（コード）まで書いてくれて、あとは検証するだけでいいという段階まで仕上げてくれます。その検証もAIが自動で行い、さらに機能の追加なども可能で、そのうえ多くのテストケースではAIが出してくるプログラムには問題がなく、そのまま使えるそうなのです。

こうしたプログラムの開発も、じつはゼネコンによる工事に似ている面がありま す。いわゆる「要求定義」と呼ばれるもので、SIer（エスアイヤー）と呼ばれる大手ＩＴベンダーが元請け、プロジェクトの中心となり、日本各地のＩＴベンダーと呼ばれる企業に「下請け」のかたちで発注されることになります。世界には、実際に「芸術的な」プログラムを書く天才がいたりもするのですが、日本のＩＴベンダーにはそうした期待はかけられていないのが一般的で、発注元が渡す設計図のとおり仕上げることだけが仕事なのです。

厳しいようですが、こうした業態は、ＡＩによってほとんどなくなってしまうと考えなければならないでしょう。しかも、この界隈はごく最近まではＤＸなどの旺盛な需要を受けてとても好況で、かつプログラムは物理的なモノの受け渡しがないため、たとえば私の住む北海道・札幌などにも有名なＩＴベンダーが存在しています。ある意味、地方でも競争力で渡り合える貴重な業種でしたし、また地元で就職したい人は専門学校などで学び、まずまずの収入を得られる有力な就職先でもあったわけです。

ただし、プログラミングそのものがなくなるわけではないと思います。

なぜなら、プログラムもあくまで言語ですから、その言語にどんな意味があり、どんな構造になっているかを知っている人のほうが、よりＡＩを上手に使えるからです。言い換えれば、ごく一部の優秀なプログラマーが担える仕事が大きく増えることで、その他のプログラマーの仕事がなくなる、という構図です。

また、ＡＩがプログラムを書く以上、それは学習した結果の範囲でしかありません。もちろんそれだけで十分なケースがほとんどでしょうが、なんらかの革新的な競争力やアイデアはそこから生まれたりはしないでしょう。

ある意味では芸術的なプログラミングのセンスを持つ人であれば、ＡＩには思いもつかないコードを書いたり、書かせたりすることもできるはずです。そう遠くないうちに、プログラムの基礎知識がない人でもＡＩで生成できる日が来るでしょうが、そこで素人と差をつけられる技術を身につけていたり、彼らの相談に乗れたりする実力の持ち主だけが、数少ない「プロの人間のプログラマー」として生き残っていくのだと思います。

ＡＩに仕事をさせるなら、ＡＩのする仕事の内容を深く理解していたほうが、絶対に有利だからです。

# 自動車、モビリティ

バス　タクシー　自動車工場　ドライバー　ほか

自動運転が普及しても、ドライビングの付加価値を
提供できる人は生き残る時代に

モビリティというと、まず思い起こすのは自動車や自動運転の未来ではないでしょうか。

ＡＩと自動車を中心としたモビリティを考える際は、「移動手段としての（本来の意味での）モビリティ」と、「モビリティを提供する大きな主体である自動車の生産」に分けたほうがよさそうです。

私はまず、移動手段としてのモビリティの「本命」である自動運転は、できるだけ積極的に、ある程度のリスク許容も考えたうえで導入していくべきだと考えています。なぜなら、ＡＩ自動運転によって働き方が変わる以前に、日本にはすでにモビリティが不足しているという厳しい現実があるからです。

バスやタクシーの運転士が不足しているニュースにはすっかり慣れてしまいましたが、最近はついに路線そのものが維持できないという事態になってきました。たとえば大阪府で路線バスを運営していた「金剛バス」は、運転士が必要数の半数強しか確保できない状況に耐えきれず、運行自体をやめ、撤退してしまいました。路線自体は自治体に引き継がれたそうですが、大阪という必ずしも過疎地域ばかりではないところで、それなりに需要があった企業の「退場」は、改めて運転士不足を考えるに十分なケースでした。最近10年で1万5000キロものバス路線が廃止され、減便も多発しているそうです。現状で運転士は3万人以上不足していると言います。

そして、トラック運転手も不足しているなかで、2024年には残業時間の運用厳格化が始まり、より需要と供給のバランスが取れない事態を招いています。運ぶ荷物はあり、ニーズがあるのに、人手が足りないばかりに供給できないのです。

こうした状況で、自動運転を受け入れることは、すでに日本社会にとって選択の余地がないように思われます。

自動運転では、アメリカ・アルファベット（グーグルの親会社）傘下のウェイモが、すでに完全無人の自動運転タクシー事業を開始しています。これは自動運転のいわゆる「レベル4」（特定条件下においてシステムがすべての運転タスクを実施）で、完全自動運転の「レベル5」の実現もそれほど遠い未来ではないでしょう。

日本国内でも、「レベル4」の自動運転は、福井県永平寺町（えいへいじちょう）ですでに始まっており、新東名高速道路の夜間無人運転専用化なども検討が始まっています。自動運転というと必ず事故の懸念から反対する人がいるのですが、それよりも私たちの生活自体が維持できない危機は目前です。モデルケースを通じて社会全体で理解を深めながら、ここは国が前面に出て、ルール作りを急ぐ必要があるでしょう。

一方、職業としての運転手は、ただでさえ不足しているのが現状です。自動運転の普及にはまだ時間もかかるため、入れ替わりには年月を要すると考えられます。

また、仮に自動運転が普及したあとでも、私は「本物のプロドライバー」が残る可能性は十分あると考えます。人力車や馬車がいまも残っているように、「高級車をわざわざ人間のドライバーに運転させる人」には付加価値が生まれます。

同時に、スポーツ的な意味でのドライビングを楽しむ趣味もまた、なくならないでしょう。それとは正反対に、今度は運転しなくてもよくなった人が、移動時間に何をするかに関するビジネスが誕生することも考えられます。

自動車を生産する工場でも、ＡＩの導入は進んでいます。テスラを率いるイーロン・マスク氏がロボットを開発していると述べましたが、これはテスラの工場にも導入される予定です。こうした流れは、ほかのメーカーと同じく自動車業界でも進んでいくでしょう。

AI化率 60％

# 公務員、公共団体

区役所 市役所 農業協同組合
森林組合 商工会議所 ほか

業務のますますの効率化が進んで省人数化していくが、幹部の公務員への負担は増大する

公務員、あるいは国や地方公共団体の官公署（役所）については、民間企業ではないだけに経済論理だけですべてが動くわけではなく、また、政治的な意味合いにおける意思決定にはＡＩでは代替しにくい、あるいはするべきではない分野が存在します。一方で、行政の効率化はつねに課題とされていることもあり、別の一面では案外すんなりとＡＩによる代替が進む部分もあると思われます。

つまり、ひとくくりで考えるのは難しいわけです。

たとえば、コロナ禍でも話題になったように、残念ながら日本の行政手続きはデジタル化において他国に遅れを取っていたのは明らかでした。また、いちいちアナログ的な手続き（窓口に並び対面で手続きする、申請や書類を紙で提出する……など）をしなければならない非合理的な部分が残されてもいます。

**手続きや申請の処理は、意思決定ではなく作業です。**行政やそこで働く公務員は、原則として法令で決まっていることを、決まっているとおりに処理しなければなりません。このプロセスを効率化するためには、ＡＩはかなり役立つでしょう。

たとえば、東京都庁では、２０２３年から都議会の議事録作成に生成ＡＩの活用を始めました。ＣｈａｔＧＰＴを開発したオープンＡＩによるクラウド上の生成基盤を使用しているとのことです。

ＡＩの活用においては、機密、プライバシーの保持面からさまざまな意見が出ていますが、愛知県や名古屋市ではすでにＡＩ活用におけるガイドラインを作成し、神戸市では条例としてＡＩの使用ルールを定め、２０２４年から実際に活用していくそうです。この過程における報告書では、市職員の96％が効率向上を実感し、従来は30分ほどかかっていた作業が数秒で終わる例もあったと言います。

また、ＮＴＴ西日本とマイクロソフトは、共同で自治体向けのＤＸやＡＩの導入を支援する協業を始めています。

こうしたかたちでの作業の効率化は、民間同様どんどん進められるべきですし、また成功裏に進めば進むほど、人材は不要になっていくことも考えられます。

半面、政治的な意味での意思決定に、公務員の仕事が深く関わっていることもあります。

賃貸物件を決めるのと同様、限りある財源とさまざまな政策パッケージがある場合、結局、有権者や市民はそれぞれに利害が異なるため、ＡＩに向くような合理的な作業ではものごとが決まりません。

新しい公園をどこに作るか、補助金の対象を何にするか、子どもの医療費を補助すべきか、それとも高齢者福祉に使うのか……こうした選択は政治や行政の場でつねにつきまといますが、結局最後は話し合いなどのプロセスで意思決定するしかありません。こうした**「町と人の生活を作る」作業は、意思のないＡＩには無理**なのです。

従って役所では、作業は今後も比較的スピーディーにＡＩなどによって効率化され、私たちもその恩恵をわかりやすく実感するタイミングが来るでしょう。

一方で、**公務員に残されるのは、**高度な意思決定に関係する重要な仕事となります。もしかすると、公務員個人の本音としては、あちらを立てればこちらが立たないような話をうまくＡＩがまとめてくれたら角が立たずに助かるのかもしれませんが、その期待はしないほうがよさそうです。

ゆえに、今後も幹部の公務員には、重いプレッシャーがかかり続けると予想されます。ＡＩの「侵食」を受けないのはうらやましいと思うかもしれませんが、それはそれで大変な役割が、かえってクローズアップされることにもなります。

# 学校教育、教育産業

小学校 中学校 高校 大学 学習塾
教員 学校職員 塾講師 ほか

画一教育は終わり、みんながAIを「個人教師」に。
AIを利用してどんどん個性を伸ばす教育に変わるか

ＡＩが普及したあと、教育がどう変わるかについては第4章の大きなテーマとして述べていきたいと思います。

ここでは、産業としての教育を、義務教育を含む一般の学校教育と、塾や予備校などに分けて見ていきましょう。

まず概論としては、ＡＩは教育を大きく変えますし、教育にはAIが担える内容がとても多く、効率面でも内容面でも質の向上が期待できます。当然、この部分だけを考えれば、雇用にはネガティブな影響を与えるでしょう。

ただ、いわゆる勉強以前の教育には、人間と人間の関係をどう作り、社会を築き上げていくかという重要な内容が含まれています。この点をＡＩに任せるのは簡単ではありませんし、そうすべきかどうかについても議論があって当然です。

まず、小・中学校の義務教育を考えてみましょう。

ＡＩが社会に普及すればするほど、比例して画一的な教育カリキュラム、成果の追求の意義は下がっていくことになります。みんなそろって「国語・算数・理科・社会・英語」を学び、一般化、規格化された事務処理能力を確保するための、いわば知的大量生産は不要になるからです。

従って、理想論的に述べれば、小学校のある時点以降は、いままでのように全員が同じ教科書で学び、全員が目指す理解度、達成度が同じである必要はなくなるはずです。学年が上がれば上がるほど、より勉強ができる子どもも、相対的にできない子どもも、そもそも勉強に興味がなく不向きな子どもも同じ課程で学ぶことに合理性がなくなるからです。

このため、一般的な知識、共同体を維持するために誰もが社会的に共通して知っておくべき知識の水準は、現在よりも大きく下がるでしょう。その代わり、ある時点からは子ども個人の能力や適性、そして本人が望む目標に合わせた「寄り添い型」の教育が重要になります。かといって子どもの人数分の先生を雇用するわけにはいきませんので、ここでもＡＩの力が役に立つでしょうし、あるいは子どもが自らＡＩとともに学びたいことを学び、能力を伸ばしていくような教育方法が適していると考えます。

義務教育終了以降は、よりこの傾向がはっきりするでしょう。いままでのように高いお金を払って家庭教師を雇う必要も、いきなり師に弟子入りする必要もなく、まずはＡＩを「師匠」として学びたいことの学びを深め、社会に出たり、より専門的な教育や研究の道に進んだりする際の助けにできればいいでしょう。

同時に、昨今よく議論される「生成ＡＩのせいで子どもが学ばなくなる」、あるいは「課題やテストの際に生成ＡＩを使って不正をするようになる」という点は、私に言わせれば語る側の教育者としての限界を示しているとしか思えません。生成ＡＩに簡単に解けるような教育内容しか教えられないことを恐れているからです。むしろこれからの教育者は、決して生成ＡＩには答えられない未解決、未知の問題に対してどう子どもたちが取り組むかを教えられなければ、「生身の先生」として存在する意義が薄くなるでしょう。

ただし、義務教育はあくまで「制度」のため、大幅にカリキュラムや仕組みを変えるまでには長い時間がかかることもまた事実だと思います。あるいは、人と人が毎日顔を合わせるというメリットを優先するなら、わざわざ変えなくてもいいのかもしれません。そういった意味では、義務教育におけるＡＩは、しばらくの間は教員不足を補う程度の緩やかな代替にとどまるのかもしれません。それでも並行して、一人の先生が大勢の生徒を教えていくスタイルのメリットは、どんどん薄れていくでしょう。

半面、塾や予備校といった私的な教育の場合は、すでに長い間、遠隔教育や情報技術を駆使して産業が発達してきた流れがあり、当然にＡＩの導入もこの流れのなかで進んでいくと考えられます。

すでに大手の東進は英作文の添削を生成ＡＩで行うサービスを、同じくベネッセでは自由研究をＡＩで支援するサービスを始めていると言います。このように、ＡＩによって、より安価に、よりカスタマイズされた、そしてより本人に合っている方法やレベルで教育が提供されるようになるでしょうし、ＡＩを取り入れない業者が生き残ることは難しいのではないでしょうか。

さて一方で、たとえＡＩにできるとしても任せないほうがいいのは、乳幼児〜小学校低学年くらいまでの教育です。

言うまでもないことですが、人間として発達する過程で、コミュニケーションや他人を大切にする考え方などを養う必要はあります。言葉の学習も、最初は直接人から学ぶわけです。

身近な人を見て、人間としてのあり方、人との接し方を学ばせる役割は人が絶対に担わなければなりませんし、そもそも幼い子どもには自らＡＩを使うことができません。

さらに加えると、ある程度成長したあとでも、実感を伴う必要のある教育をAIが代替することは困難でしょう。たとえばAIによってサッカーのルールや理論、名勝負は学べたとしても、実際にサッカーをどうやるのかを学ぶには、フィールドに出て体を動かすしかありません。芸術や美術なども同様です。

私はむしろこうしたところに、将来の教育産業が生き残っていくチャンスがあると思います。AIが普及した社会で人々が学びたがる、あるいは学ぶべきことは、総じてAIにはできないことです。強烈な個性、身体性、個人性などを育てるための、際だった教育能力を持つ師匠が、むしろ江戸時代の寺子屋(てらこや)のごとく重視されるイメージを持っています。あるいは、数あまたのオンラインサロンのなかから自分にぴったりの先生を選ぶようなイメージです。決して教員免許を持っていれば誰でもできることではありません。

AI以前は、100人中99人が知っているべきことを確実に教えることが教育の役割でした。それが今後は、100人中1人しか知らないような、際だった内容を教えられる「寺子屋型教育」が期待されていると言えるでしょう。

AI化率 40%

# 医療

医師　看護師　診療放射線技師

臨床検査技師　救急救命士　ほか

検査、診断はAI化が進むも、ケアや生命倫理に関する問題は人間が引き続き担っていく

医療がどう変わっていくかは、ＡＩの導入を考えるうえでとてもわかりやすいケースになるのではないでしょうか。

医療が私たちの健康向上、そして命を守るのに大切なのは言うまでもありません。ところで、医療の仕組みはシステムとしていくつかの段階に分かれています。

まず、健康診断や病変を感じた段階で受診し、検査を受け、なんの病気なのかを判別・診断すること。

次に、ある病変に対してどのような治療、処置を行うか決めること。

実際に治療、手術を行い、病気による苦痛を緩和するためにケアを続けること。

つまり、**それぞれの段階で、ＡＩにはできることとできないことが明確なのです。**

病気を発見したり、なんの病名なのかを確定したり、治療の方針を決めていくのは医師の役割です。ところがこの３つは、いずれもＡＩの得意とする分野です。

検査機器はロボットと同様です。そこに膨大な症例を学習したＡＩを組み合わせることで、病変はほぼ間違いなく正しい病名に結びつきます。さらに、同じく学習した過去の治療方針によって、ＡＩがほぼ間違いのない指示を下せるようになります。

こうした試みは、すでに大手企業やベンチャーを問わず進められています。

富士フイルムではＣＴスキャンやＭＲＩで得られた画像の診断をするＡＩを開発していますし、その他ベンチャーによる心不全やアルツハイマー病などの検査をＡＩで支援するシステムの開発も進んでいます。また広い意味では、スマホと連動したウェアラブル端末が心臓のわずかな動きを感知するような仕組みもすでに実用化されています。それらがさらに高度化していくようなイメージです。この段階で明確に結論が下せるような診断に関しては、もちろん法的な問題はあるにせよ、むしろ見落としがない判断ができるようになるでしょう。

ただし、ＡＩには絶対にできない判断も存在します。

たとえば、ある病変に対して手術をする際に別のリスクが存在する場合、どちらを選ぶべきか、意思のないＡＩには最終判断ができません。

同様に、根治を目指してリスクの高い治療を受けるか、あえて積極的に治療せず、体への負担を抑えながら残された人生を穏やかに過ごすかも、ＡＩや医師には決められないことです。

この問題は、意思決定ができないＡＩの限界であると同時に、人生を左右する重要な問題を患者や家族として考える際、はたしてＡＩだけに依存して満足できるか、という問題も含んでいます。無論、その過程においてＡＩやロボットが役立つかもしれませんが、**最終的な判断は、本人や家族と「生身の医師」が話し合う段階があってしかるべきかもしれません。**

同じような問題として、治療中のケアも考えられます。家族や看護師が担っている役割は、たとえ完璧に代替できるＡＩロボットが現れたとしても、やはり人の手であってほしい、人にケアしてほしいという気持ちがあるなら、生身の人が担う仕組みはある程度残されるでしょう。

産業としての医療では、とくにオールラウンド的な医師は代替されやすく、同時に医師不足に悩む地方などではＡＩによって大きな助けになるでしょう。同時に、優秀な臨床医や研究医、看護師などは、現時点ではそこまで大きな影響はないとする見方で間違いないかと思われます。

AI化率 60%

# 法律、司法関連

法律事務所 弁護士 裁判官
検事 司法書士 ほか

パラリーガルには厳しい未来が待ち受け、仕事は一部の優秀な事務所に集中する

法律家と言えば、現時点では医師と並んで人気かつ憧れの職種です。法律家の仕事におけるＡＩの浸透具合は、医療とよく似ていると予想します。ただ、その影響の度合いは医療よりも大きいかもしれません。

なぜなら、医療の世界にはＡＩ登場前の段階でも、多かれ少なかれ高度な機器が使われてきました。しかし司法の世界では、おおむねホワイトカラーの環境と同程度の効率化しか行われてこなかった「アナログな世界」です。結果、ＡＩ時代以降に受けるインパクトの落差は、医療よりも相対的に大きなものになると考えられます。

法曹のうち圧倒的多数を占めるのは弁護士で、およそ9割にもなるそうです。弁護士は法律知識を駆使し、裁判だけでなく、交渉や法的な監修など、企業や個人のニーズに応じた業務を行っています。法令は非常に多いため、多くの場合それぞれ専門分野に分化、特化しています。

ところで、法律家が法律家であるためには、法律の決まりやその運用方法、そして法律知識を補うためにこれまでの判例を学び、知っておく必要があります。裁判も交渉も、そうした基盤を前提に進むからです。

ＡＩの登場は、この作業を飛躍的に効率化するでしょう。法令や判例を学習し、関連度の高いケースを見落とさなく探し出してくる作業は、まさにAIの独壇場です。

デジタル庁ではすでに法令をAPI（ほかのアプリケーションに自由に組み込んで利用できる形態のデータ）にする作業を進め、民間がAIなどを使って法律サービスを行う支援を始めています。弁護士ドットコムでは、AIを使った一般顧客向けの法律相談チャットサービスの試験版を開発しています。これは、「よくある相談」ほど正確な回答が示せるそうです。

裁判の進行も早くなることが期待されます。論点を整理し、関連する法令や判例が何なのかがいち早くわかるためです。

さらに、企業における契約書作成や法律相談なども、AIを活用できるケースが多くなります。なぜなら多くは定型的な仕事だからです。すでにクラウド上で契約書を取り交わせ、監修を受けられるサービスが普及しつつあります。

一般に、AIなどによって法律的業務を自動化していく技術を「リーガルテック」と呼んでいます。これによって、たとえば離婚や相続、知的財産の管理などといった業務が大きく効率化されつつあります。弁護士法との整合も国からガイドラインが示されたことで、一層普及が進むと期待されています。

こうした技術は、法律事務所だけでなく、官庁や教育機関など、法令を専門的に扱う職場にも効率化の恩恵をもたらします。同時に、プロである弁護士の手を借りる機会もまた減っていくでしょう。今後も活躍できる弁護士は、高い専門性だけでなく、ＡＩを活用できる能力も必須となり、一部の優秀な弁護士や事務所に仕事が集中することが予想されます。半面、パラリーガルと呼ばれる補助的な職業の人たちは、ホワイトカラーと同様の理由でＡＩによる影響から逃れられないでしょう。ロイターの調査によれば、世界で法律や税務などに携わる１２００人に聞いたところ、回答者の3分の2が、ＡＩが今後5年で実務に大きな変革をもたらすと回答しています。

それでも、法律の世界がすべてＡＩに代替されることはないでしょう。

法律、あるいは犯罪捜査も含め、「正義とは何か」「正義に照らしてこの事件はどう裁くべきか」という問題は、AIには決めようがないからです。明らかな判例がある場合はＡＩによってスピードアップされますが、変化していく世の中で、新しい争点への対応や、合憲か違憲かをＡＩに決めさせることはできません。

捜査し、取り調べる機能もまた身体性を伴うため、ＡＩで完全に代替することは難しいでしょう。

AI化率 30%

# スポーツ、エンターテイメント

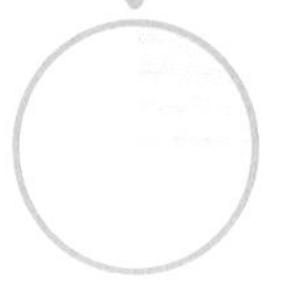

プロスポーツ選手　芸能人　映画会社
アニメ制作会社　ゲーム会社　イベント会社　ほか

スポーツ選手の AI 化に価値は出にくい。
エンタメ業界は、新しい産業が生まれる可能性がいちばん大きい

スポーツやエンターテイメントの世界は、属人化の典型的な産業と言えます。

まずスポーツですが、基本的には「誰」がパフォーマンスしているのかが問われ、パフォーマンスそのものの絶対値だけが重要視されるわけではありません。たとえAIロボットが優秀な記録を出しても、おそらくそこに価値を認める人は多くないでしょう。将棋や囲碁も知的なスポーツですが、AIがすべてのプロをしのぐようになったからといって廃れるわけではないのと同様です。

一方で、エンタメについてはもう少し複雑な事情があると考えます。

スポーツと同様、何を作るか、どんな作品や演出にするかは、やはり今後も生身の人間が担っていく面が大きいでしょう。ここまではスポーツと同様です。

しかし、日本が強い競争力を持っているアニメで考えるなら、原作や脚本、演出以外の部分については、相当部分がAIに代替されてしまう可能性があります。キーとなる絵さえ原作者が書いておけば、それ以降の細かい作業の大部分はAIに任せられるはずです。これは、すでに原作者が亡くなっている漫画やアニメの「続き」や「新作」がAIによって作成できることと同じです。アニメの声を担っている声優も、

「属人化」しているメインの数名を除けば音声合成で作成でき、メインキャラ以外は〝音声合成声優〟の起用が増えるはずです。

動画の作成においても、オープンＡＩ社が発表した「Ｓｏｒａ」は、テキストを打ち込むだけで最長１分というこれまでにない長時間の動画を超高品質で生成できます。たとえば「数頭の巨大な毛むくじゃらのマンモスが雪の草原を踏みしめながら近づいてくる云々」といったテキストを打ち込むと、雪山を歩くマンモスの動画が作成されるのです。これはいままで以上に動画の制作が簡単になると同時に、実際には撮影が難しい映像の作成も、テキストを打ち込むだけで可能にします。

２０２４年に芥川賞を受賞した九段理江さんの作品『東京都同情塔』は、テーマ自体、生成ＡＩが普及した世界の話ですが、実際の原稿作りにおいてもＣｈａｔＧＰＴを活用し、５％程度は生成ＡＩの文章だと本人が会見で語りました。その後の取材で、実際に使用したのは本文の１ページ分程度と訂正していましたが、これもまた、作者とＡＩの関係性や距離感を考えるわかりやすい例ではないかと思います。

そして、昨今アメリカで論争にもなったのが、実写俳優の仕事がＡＩで奪われてしまうのではないかという懸念です。ハリウッドではストライキにまで発展しました。

生成ＡＩは過去の作品を通じて生身の俳優の外見や動き、声などを学習しますが、その成果物によって自分たちの仕事や立場が奪われるのはおかしい、という主張です。

このストライキ自体は、全米映画テレビ制作者協会（ＡＭＰＴＰ）と映画俳優組合の間で賃上げを含めた合意をし、終了しました。ただ、ＡＩの成長がエンタメ業界に与える影響自体は変わらないと思います。

積極的に捉えれば、ＡＩを使うことで低予算、低リスクの作品が多種多様に作られるようになれば、結局は「生身の俳優」にとってもチャンスになるかもしれません。

また、アニメや映画というかたち以外の、新しいエンタメがＡＩによって登場し、広い意味での競争関係になるとも考えられます。ゲームはその典型ですが、あるいはもっと違ったかたちのジャンルが生み出される可能性もあるでしょう。

いずれにしても、最後まで人に残されるのは、「属人化」した価値、そして意思決定の大切さであることは、スポーツやエンタメでも同様です。**人の気持ちを引きつけやすいのは、やはり人であると思います。**

なぜならＡＩそのものには、「表現したい」とか、「この作品を通じて世界中の人々の感情に訴えたい」という意思はないからです。

AI化率 70%

# 接客業

働き手は人からAIロボットへ移行し、チェーン店は完全無人化店舗に。一方で高級店は残り続ける

接客業は、ある意味ではとてもわかりやすい業種、職種です。マニュアルで対応が決められている仕事はＡＩに代替されやすく、すでにその動きは進んでいます。半面、マニュアルに依存しない「人対人」の魅力を顧客が認めるような仕事は、今後も残っていくでしょう。

顧客とコミュニケーションをし、定型的なサービスを行うに当たっては、ＡＩが担うことによって、効率化だけでなく新しい価値が生み出せるようになる可能性も秘めています。

たとえば、コールセンターはＡＩに代替されていくものの典型例でしょう。私の知り合いがいるＩＴコンサル企業でも、コールセンターのＡＩ化は進んでいます。

すでに体験された方も多いかと思いますが、顧客が何かを知りたい際、まずホームページにアクセスすれば、ＡＩによって作られたチャットボットが現れ、あいまいな問いかけに対しても確度の高い情報を提供することが実現されています。じつはこうしたアプリケーションの背景には、ＣｈａｔＧＰＴに代表される生成ＡＩがカスタマイズされたものが使われています。

こうして多くの問い合わせは、生身のオペレーターにつながる前の段階で、ＡＩによって代替、解決されることになります。外国語対応も格段に簡素化できます。同時に、これは顧客のニーズや関心事を巧みに吸い上げる方法としても活用できることになります。

旅行サイトのトリップドットコムでは、ＡＩチャットボットで、さまざまな顧客の条件に対して自然言語で答えてくれます。賃貸のレオパレスでは、チャットボットに尋ねたいことを入力するだけでおすすめ物件や困りごとの解決策を提示してくれるサービスを、アシックスでは生成ＡＩに価格帯や用途、色などを入力することで自分に合うシューズにたどり着ける機能を提供しています。これらは顧客の利便性だけでなく、何が求められているのか、何が売れ筋なのかを供給側が速やかに集約することができ、**需要と供給をうまくマッチさせられる可能性**を持っています。

また、これも私たちがすでに経験していることですが、外食産業の現場では、注文をタブレットやスマホで行ったり、配膳をロボットが担ったりすることも珍しくなくなってきました。２０２１年から実験導入しているすかいらーくホールディングスでは、従業員の歩行数が42%、片付け時間が35%減り、ピーク時回転率も２%上昇したそうです。大きな効果と言えるでしょう。

定型的なファストフード店舗の場合は、注文～決済～調理～受け渡しまで、ＡＩとロボットですべてを自動化することも可能です。実際、アメリカのマクドナルドは、２０２２年の段階で完全無人化店舗の実験を行っています。同時に、人から仕事を奪うことになるという意味合いでは、批判の声も浴びているようです。

しかし日本では、外食産業は深刻な人手不足が明らかです。少しでも人手が減らせるのであれば、むしろ日本でこそＡＩロボット接客の普及がうまく進む可能性があるのではないでしょうか。外食大手のロイヤルホールディングスでは、なんと天ぷらの揚げ具合をＡＩに学習させているそうです。

一方、すべての接客がＡＩやロボットに代替されるわけではありません。高級レストランでそれなりのお金を払う人は、やはりシェフのこだわりを味わいに来ています。季節の変化や顧客の嗜好（しこう）に合わせ、ベストの食材を仕入れ、調理の具合を変えたり、先進的な料理を作ったりするような創造的な接客は、ＡＩには難しいでしょう。

結局、人に接客されるよさがより洗練されていくと同時に、「人に接客されることの価値」が見いだされ、そこにお金を払うことになっていくのではないでしょうか。

**つまり生き残るのは、他人にはできない接客をする人になるわけです。**

AI化率 50%

# 宿泊・旅行

人手不足解消のために普及が進むが、「人対人」の超一流サービスが見直されるきっかけにも？

コロナ以降の観光需要の盛り上がりは、ポジティブな話題である半面、有名観光地でのいわゆる「オーバーツーリズム」や、宿泊業界を中心とした人手不足の問題を浮き彫りにしています。

宿泊や観光の業界でも、ワークライフバランスを考える点からも、AIの普及は否応なしに進んでいくと考えられます。すでにチェックインやチェックアウトなどを自動化しているホテルが目立ちますし、むしろそのほうがわずらわしくなくていいという価値観も生まれています。

HISグループが展開している「変なホテル」は、接客や手続きロボットやホログラムなどを大胆に取り入れ、そのこと自体をブランド化している業態です。こうした動きが「変」とは考えられなくなる時代も、わりとすぐにやってくるかもしれません。

顧客側からは見えにくいAIの応用は、ホテルや交通機関の「値づけ」です。ホテルの価格はニーズに応じて変化することが一般的ですが、かつてはイベントや曜日などを勘案して、人間が決めていた分野でした。しかし現在ではAIが導入され、より効率よく値づけができ、空室率を下げながら、より「儲け」を大きくする運用ができるようになっています。

たとえばロイヤルホールディングスが運営しているリッチモンドホテルでは、ＡＩが価格を提案するようになったことで、効率的な値づけができるようになったばかりか、人間がしていた場合と比べて作業量は3分の1にまで圧縮できたそうです。だからといって人が不要になるというよりは、むしろ足りない人手を埋める方向に機能しているようです。

エア・ビー・アンド・ビーに代表される民泊の仕組み作りも同様です。単に、安全、快適に泊まれればいいというのであれば、多くの部分はＡＩによって代替されていくでしょうし、顧客もそれを望むでしょう。

一方で、レストランや自動車などと同様に、いわゆる「超高級」路線のホテルなどはあまりＡＩに代替されないのではないかとも考えられます。

いわゆるバトラー（執事）やコンシェルジュが常時待機するホテル、伝統に裏打ちされた様式を背負っている女将が接待する旅館でもＡＩの活用は可能でしょうが、人がいなくなるとは考えにくいものがあります。接客してくれる人そのもの、そこでの会話や雰囲気、品のよさや高級感にお金を払っているのであって、それはＡＩでは演出不可能です。民泊でも、その民泊自体に宿泊する価値があるのであれば、やはりＡＩ

が作り出す価格のアルゴリズムを超えて利益を得られるのではないでしょうか。

旅行もまた、すでに同じような展開になっていると感じます。ホテルと移動手段をセットしただけのパッケージであれば、あとは値づけだけの勝負です。

しかし、その道に通じた超有名添乗員が、一般には開放されていない観光資源に特別に案内してくれる……などとなってくれば話は別です。生身の人が生み出す感動や体験などの価値、「本物のおもてなし」は、やはり今後も残っていくでしょう。

また、遠い未来の話だった「宇宙旅行」も、推し進める一人があのイーロン・マスク氏なので、想像よりも早くビジネスとして確立し、新たな雇用を生み出す可能性はありそうです。

すでに、国際宇宙ステーションに代わり運用が予定されている、ヒルトンが客室をデザインする商用スペースホテル「スターラブ」に、7泊8日で1人3００万円の旅行プラン販売が始まっています。

これまでは夢物語だった話が現実になりつつあるいま、ビジネスとして伸びていく可能性は高そうです。

コラム

# 寝ている間に収穫も！　一次産業はAI活用で明るい未来に

日本の農業従事者の数はとどまることなく減り続け、状況は深刻度を増しています。農林水産省のデータによると、２００５年には約２２４万人いた〝農家さん〟の数は、２０２０年には88万人も減り約１３６万人と、15年間で約40％も減少しています。人口ベースで考えると、佐賀県の人口が約80万人なので、都道府県のひとつが消滅する規模と思ったら、その深刻度は明らかでしょう。

大きな理由のひとつに、休みもなく重労働であることが挙げられますが、そんな懸念を、ＡＩを活用することで改善していこうという取り組みが水面下で進んでいます。２０２３年に「すごいベンチャー１００」に選出されたレグミンは、「ロボット・ソフトウェアを活用し農業の生産性を向上する」をビジョンに掲げ、自律走行型ロボットで農薬の散布を行うサービスを始めています。

同社代表取締役の野毛慶弘（のげよしひろ）さんが業界の未来について「いずれ農家の方が〝寝てい

る間に収穫〟も夢ではない」と話すとおり、今後導入コストの問題が改善していけば、全体の70％を占める65歳以上の農家さんの体力的な問題による廃業のペースを緩やかにし、また、若い人たちの心理的な新規参入のハードルも下がっていくでしょう。

農業だけではありません。

同じく業界全体の高齢化や後継者不足に悩んできた漁業。近年では水産資源の世界的な枯渇も問題視され、窮地に立たされ続けてきました。

とくに漁業においていちばん難しいとされてきたのが、「勘の定量化」。長年、漁業はベテラン漁師の経験と勘に支えられてきたのが現状でした。それを、ＡＩを活用して解決していこうという取り組みが宮城県の東松島市で始まっています。

東松島市はＫＤＤＩとタッグを組み、ＫＤＤＩが開発した「スマートセンサブイ」と呼ばれるＡＩ搭載ブイで気圧や潮流、塩分濃度計測を行っています。魚が多い漁場を勘に頼ることなく割り出して、網を効率的に仕掛けられるようになることを目指しています。

また、はこだて未来大学の和田雅昭（わだまさあき）教授は、研究者と漁業者が一体となり近未来型の水産業を実現するための情報技術「マリンＩＴ」を推進しています。魚は獲りすぎてしまうと子孫を残せなくなり資源が減ってしまいますが、「マリンＩＴ」では、獲った量を漁師が共有し、数字とグラフを使って資源の状態を確認できるアプリを開発しました。結果、資源を守ることにもつながり、「漁期が終わったあと、来年は食っていけるのかと心配しなければならなかった」という漁師さんの不安も解消されるようになりました。

養殖においては、ＮＥＣとニッスイが、水中カメラで撮影した養殖魚をＡＩ技術でサイズ測定するプロジェクトを行っています。これまでは生け簀から網ですくい出してサイズを測っていたため、あまりにも非効率で、なおかつ魚が傷んだり、病気になる原因にもなっていました。それをＡＩの技術を活用することによって、サイズ測定の自動化・省人化が図れ、なおかつリスクの軽減につながり、養殖を行う人のスキルに頼りきりになることなく、生産性の向上が期待できます。

このほか、同じく一次産業の林業では、これまで人の手で行っていた森林資源の測定を、ドローンレーザーを活用したＡＩ映像解析によって実施。「広大な森林のなかから必要とする樹木の特定を可能にするサービス」を提供する信州大学発ベンチャーの精密林業計測など、これまで衰退の一途をたどっていた一次産業が、ＡＩ技術を活用することによって息を吹き返そうとしています。

いま日本の一次産業に起きていることは、10年後に日本社会全体に起きることの未来予想そのものとも言えます。

仕事に従事する人たちの高齢化、労働力不足、後継者問題……。これまで解決には長い時間がかかると思われてきた問題も、新しく始まっている取り組みがうまくいけば、他業界に先んじて一気に解決し、なおかつよいモデルケースになる可能性を秘めています。

また、Ｚ世代と呼ばれる若者たちは、ＳＤＧｓに代表されるように、環境問題や社会問題に関心が高い層と言われています。就職情報サービス会社の学情が発表したアンケートの結果によると、２０２５年３月卒業予定の大学生・大学院生の約７割が「企業がＳＤＧｓに取り組んでいると志望度が上がる」と回答したことを発表しています（有効回答数551件）。

これほど社会問題に関心がある世代が出てきたことで、まさにその根幹である一次産業の取り組みは、10年後にますます関心が高まる業種と言えるかもしれません。

# 第3章

# 10年後も必要とされる人になる思考の深め方

その1

# 整えられた道よりも
# 迷路を選べ

この先、ＡＩの進歩によって社会は変わり、仕事や職種にも大きな影響を与えることは必至です。当然、働き方も、働くことに対する考え方自体も、根本的に変わっていきます。

そして、変化していく社会を「生き抜く」、あるいは変わっていく働き方のなかで「生き残る」という言葉を使うのなら、**大きな変化に対応できた人こそ、「生き抜く」ことができ、「生き残る」ことになるのではないでしょうか。**

そのためには、これまでと異なる「思考」が求められます。

それは、身の回りの環境、当たり前の状況を疑えるかどうか、つまりは「いま」を**疑う力を持っているかどうか**です。

この章では、「いま」の常識のどこが疑わしいのか、ＡＩがやってきたあとの世界を、私たち「生身の人間」はどう生き抜くべきなのかを中心に、少し頭を柔らかくしながら考えていきましょう。

ＡＩの驚くべき進歩と、今後の社会にもたらす影響を考えるたびに、思い出す本があります。

『チーズはどこへ消えた？』（１９９８年、スペンサー・ジョンソン著／邦訳版　２０００年、門田美鈴訳、扶桑社）という、非常に有名な「ビジネス絵本」です。全世界で３００万部近くが売れ、最近では大谷翔平選手が愛読していることでも改めて知られています。

チーズが隠された迷路で、２匹のネズミと２人の小人が大量のチーズを見つけます。ネズミたちは毎朝、家から走ってチーズを食べに行きますが、小人２人はチーズの近くに引っ越し、お昼に起きてゆっくりとチーズを食べに行きます。毎日食べ続けていたので当然のことですが、ある日チーズはなくなってしまいます。そこでネズミたちは新たなチーズを探しに行きますが、小人たちはチーズがなくなったことを認められず、現状に固執して、チーズが戻ってくるのを待つ……というお話です。

ここにおいてチーズは、「私たちが人生で求めているもの」の象徴であり、生きていくための糧です。それを一度は発見したものの、そのままではただ減っていくだけだと理解したとき、ある人は「まだいいだろう」と現状維持を優先し、変化を嫌うのに対して、別の人は「このままではまずい」と考え、現状を放棄して新しい道を探しに出ていくわけです。

ＡＩ時代の到来と社会の大変化を前にした私たちも、まさにこの状況に置かれているのではないか……というのが、ＡＩを研究してきた私のシンプルな感覚です。

新聞では毎日、他国の企業がＡＩを使って何かを開発したり、日本の企業がＡＩを導入して事業を効率化したりする話が報じられています。もしかすると、あなたの勤めている会社でも、すでにＡＩ導入の動きや検討が始まっているかもしれません。

『チーズはどこへ消えた』に置き換えると、いま働いている人たちが「ネズミ」や「小人」なのだとしたら、「チーズ」は所属している企業や組織、そこでのキャリアやポジション、あるいは毎月支給される給料に当たるでしょう。おおよその会社員は、それなりに苦労して入社した企業に毎日通い、指示された業務を実直、誠実に処理し、毎月決まった日に予定された給料が振り込まれることを「当たり前」だと考えているかもしれません。あるいは、最初こそ違和感を持っていたものの、いつの間にかその環境に慣れてしまった人もいるでしょう。

しかし、その「チーズ」を目当てにしているのは決して自分だけではありません。「チーズ」はだんだんとすり減っていきます。なかには新しい世界を目指して、その場を離脱する人も現れ始めました。そうした状況を知っていても、新しい場所に出るのは恐ろしいものです。結局、残っていればどうにかなるだろうという考えの人が、「チーズ」がなくなっていく瞬間を、不幸にも目撃することになります。

## 肩書を大事にする人ほど仕事を失う

より現実的に言い換えるなら、これは急激に厳しくなる「椅子取りゲーム」と同じです。

第2章の冒頭に記した、ホワイトカラーの項目を思い出してください。

現在、あるプロジェクトにおいて、本部長→部長→課長→7人のスタッフ、合計10人で処理していた仕事があったとすれば、AIで業務は大きく効率化され、おそらくスタッフが3人、あるいは5人いなくなっても、以前より生産性の高い仕事が短時間でできるようになるでしょう。もしかしたら、本部長だけで完結できてしまうかもしれません。

では、不要になった数人のスタッフ、課長や部長とは誰でしょうか？

もしかすると、あなた自身かもしれません。

こつこつとがんばってきた仕事がなくなるかもしれないなんて、ひどい話だと捉えることもできます。急激な変化から働く人を守るための法制度や支援策も当然必要でしょう。

ただ、よく考えてみれば、**これまでもさまざまなイノベーションの局面において、椅子の数はひっそり減ってきているのです。**

携帯電話が普及したことで電話番をしていた人はいなくなり、紙の伝票がシステムに変わったことで、経理部の椅子は減ったはずです。２０２３年には日本においてもインボイス制度が始まったことにより、経理業務の電子化がさらに進んだと言います。業界大手ラクスが提供する「楽々清算」は、２０２３年4月～9月の半年で昨年度同期比１８０％と、導入ペースが加速したそうです。この発表を見ても、今後さらに経理部の椅子が減少していく可能性が想像できると思います。

それでも、指示や判断を行う上司の意を汲み、豊富な知識を活用しながら短時間で効率よくリサーチを行って資料にまとめられるスタッフは安泰でした。

これからは、そこがＡＩによって変わってしまうのです。

長い間、日本だけでなく世界中の職場は、こうした「椅子取りゲーム」の最中にありました。しかし今後は、まるで「椅子取りゲーム」と「フルーツバスケット」が同時進行するような状況になるわけです。そして、いままで「生き残って」きた「椅子取りゲーム」が得意な人も、もはやそれだけでは対応できないわけです。

こういった社会の流れを、理不尽だと感じる人もいるでしょう。

確かに、社会全体の大きな変化を瞬時に感じ取ることは簡単ではありません。結果として、いつの間にか大きく変わっていた社会に驚かされ、置いてきぼりになったことにぼうぜんとする人も現れるでしょう。

ただ私は、悲観的に考えるくらいなら、その場のチーズを放棄したネズミのように、**変わりゆく社会の迷路に飛び出すことを勧めます。**これは、差し当たって転職のさらなる一般化を促進することになるでしょう。

ＡＩは、最後まで残っていたホワイトカラーの知的労働を徹底的に効率化していきます。それによってゲームのルールが厳しくなることは避けられないのですが、私は一方で、迷路に向かって歩き始め、自分の価値を試そうとする人には、かえって恩恵があるのではないかと考えます。

なぜなら、ＡＩが活用できる世の中では、**起業の負担がそれ以前よりも軽くなるから**です。

すでに、サーバーやその上で動くシステムなど、多くのリソースはクラウド化され、自ら作ったりする必要も、物理的なモノを買って置いておく必要もありません。世界中の企業がそうしたサービスを競っているので、価格もどんどんこなれていきます。

少し規模の大きいビジネスを立ち上げようとするなら、いまだとそれなりに人手が必要です。優秀な人材のほうがいいことは言うまでもありませんし、最初は1人で始めたとしても、業容を大きくしていくならよい人材を採用し、育てていくことを並行して行わなければなりません。

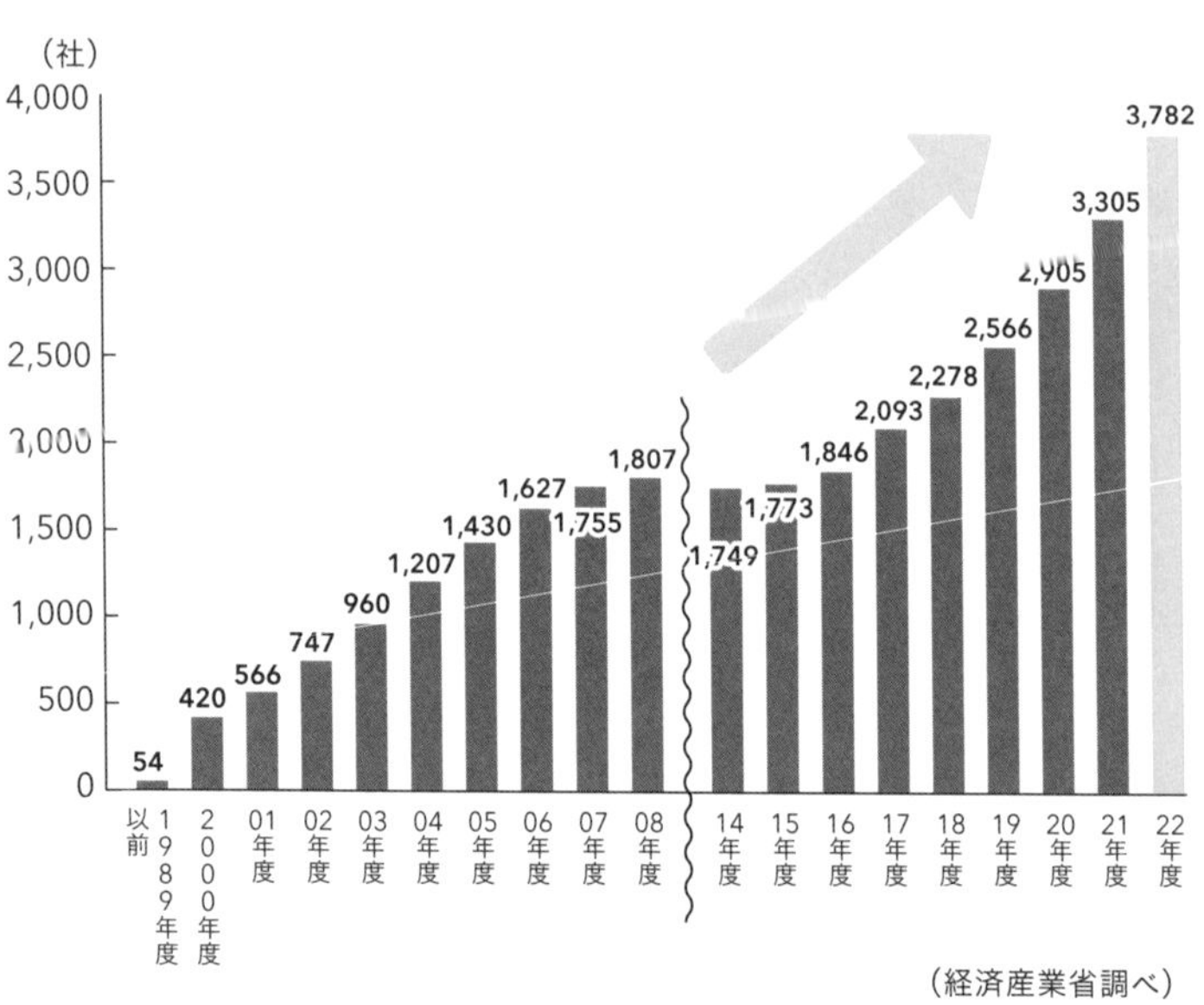


しかし、今後はＡＩがあります。

自分自身の椅子を奪ったのはＡＩだったとしても、新しく自らのビジネスを始めるときには、ＡＩを大いに活用することによって、効率的に、リスクを下げてスタートできるのです。

見方を変えれば、これは新規ビジネスが「失敗しやすくなった」ことも意味します。すべてのビジネスがうまく進むはずはありませんし、著名な経営者でも、起業に失敗し、辛酸をなめる時代があった人はいるでしょう。ただＡＩの登場で、辛酸はずいぶんなめやすい味に変わるのだと思います。あれこれ試してみる機会がたくさんあってもいいわけです。

その兆候は若い世代ですでに見え始めています。経済産業省発表の「令和４年度大学発ベンチャー実態等調査」によると、大学発ベンチャー数は前年度から４７７社増加し３７８２社となり、企業数、増加数ともに過去最高を記録しています。

一方で、終身雇用を信じて疑わず、入った会社で、苦労して積み上げてきた経験やその結果としてのキャリア、肩書を半ば放棄するのは自己否定のように感じる人もいるでしょう。

ただＡＩ時代のあとでは、その自己否定を乗り越えられる人、あるいはそれが決して自己否定ではないことを知っている人が、それまでとはまったく違ったかたちでのチャンスをつかみやすいのです。

その2

# 「お金のための労働」からは距離を置け

ＡＩ時代の到来は、誰もが好きなことをできる時代の始まりでもあり、いままで以上に会社での「椅子」が急激に減っていく時代でもあります。

これは要するにＡＩが知的労働を代替していく構図なのですが、最近私は、別の見方もするようになりました。

もしもＡＩによってしたくもない労働から人間が解放され、ベーシックインカムや負の所得税が実現する流れになればすばらしいでしょう。しかし、一足飛びにそこまで行き着けるかについては、私も半信半疑です。

そんななか、２０２４年から、いわゆるＮＩＳＡ（少額投資非課税制度）が大幅に拡充され、株式投資や株式を組み込んだ投資信託を買うことがブームになっています。ＡＩ研究者としては、ＡＩに関連する企業の株価が急激に上昇していることも気になります。

最近は、比較的若い人たちが参入しているそうです。つまり、まとまった資金を一度に投資して大きな利益を狙うというよりは、毎月少しずつ積み立てていき、長い時間をかけて資産を形成しようという流れが強まっていると感じます。

これをニュースの切り口で見れば、早くも老後の心配をしているとか、政府が声をかけてきた「貯蓄から投資へ」という流れがいよいよ実現しつつあるとか、世界的なインフレに対抗する手段だとか、さまざまな解釈ができるのでしょう。

AI研究者である私は、少し違った見方もできるのではないかと感じています。

この本で繰り返し述べてきたとおり、10人でしていたことが5人、3人、究極的には経営者だけでできるようになっていくのがAI時代です。この流れを「資本（経営者）」と「労働」の関係で捉え直すと、経営者はいままでのような労働の量を必要としなくなることで、資本をより効率よく回転させられることになります。有り体に言えば「AI時代は資本側が儲けやすく、労働側が厳しくなる」状況になりやすいと言えるのではないでしょうか。

労働側がこの状況に対抗するもっとも王道の方法は、自分が労働側ではなく資本側、つまり経営者になることです。さまざまなスモールビジネスが生まれ、意思決定をしていく人が増えることで、資本側にシフトしていく流れが起きるのは自然です。

一方で、現代は株式市場が整備されていて、証券会社に口座さえ開けば、あとはスマホひとつだけで世界中の株式市場に投資できる時代です。思いきって経営者にならずとも、お金の面だけ資本側に移ることができるわけです。昨今の若い層による投資の流れは、じつはこうした変化を敏感に感じ取っているのではないかと思うのです。

その方法として何がベターなのかは、私にもわかりません。それぞれ取れるリスクも、投資できる金額や期間も違います。ただ、ＡＩ時代で果実を得るのがＡＩ関連企業であり、そしてＡＩによって経営を効率化できる大企業だと考えるなら、**それらの株式や、それらが組み込まれている投資信託を買っていくのはごく合理的な流れにも**見えます。変な話ですが、自分の椅子を奪った企業はそれだけ経営を効率化させ、その果実は株価の上昇や株主への配当などに向かうと考えるのであれば、辞めた会社の株を買うこともむしろ理にかなっているかもしれません。

また、投資でうまく行けば、その成果によって「労働」から解放され、好きなことを追求するための経済的な足がかりを作ることにもつながります。

自分で自分のベーシックインカムを確保する行動もまた、ＡＩ時代のルールの大きな変化なのかもしれません。

その3

# 若いころの苦労は買えと言われても買うな

ＡＩの普及は、より大きな人の流れも変えていくと考えます。若い人たちの「下積み時代」は不要になり、あるいは維持できなくなります。

これもやはり、ポジティブにもネガティブにも捉えられる話です。

まず、高度成長期以来の社会の仕組みは、新卒一括での大量採用と、年功序列での終身雇用制だったわけですが、このなかで新入社員の立場の人は、最初の数年間は、現時点の戦力としてよりも、将来の戦力を期待して「教育」を受けながら給料をもらってきたことになります。

そこにＡＩが普及し、もはやアシスタントは不要になりました。必要なのは決定をする人だけであり、ＡＩを操るごく少数のスタッフ以外は今後雇用しなくてもよくなったとしたら、「下積み時代」を保障する必要もまた、なくなることになります。

採用において問われるのは、おもに支払う報酬と得られる利益のバランスとなります。つまり「何ができるのか」だけがテーマになるため、企業において「教育を受ける／受けさせる」必要がなくなるわけです。

ネガティブな側面も考えてみましょう。じつはこの「下積み時代」システムは、すでに30年来にわたって部分的に破綻を来していたことは公然の事実です。

いわゆるバブル崩壊以降、企業が新入社員採用を抑制し、また転職市場も発達していなかったため、かつては誰もが当然に受けると想定していた「下積み時代」の教育や研修を、受けられた人と受けられなかった人に二分化してしまっていたのです。「受けられなかった」側の人を指して「就職氷河期世代」とか、「ロストジェネレーション」などと呼んだりもします。当時は、企業における「下積み時代」があることを前提とした考え方が常識だったため、急激な変化によってその「期待」を裏切られた人たちの受けたインパクトやショックは大きかったことでしょう。

ただ今後は、すべての「下積み時代」がなくなります。その先の年功序列、終身雇用制も成立しなくなるため、よほどの例外を除いてわざわざまっさらな新入社員を「採用」するリスクを負う必要もなくなるのです。

逆に、企業としし、その分を研究に投資したり、小さな企業の事業を経営者ごと買収したりするような動きは強まるでしょう。

私はこれもまた、ポジティブに捉える考え方があると感じています。

「若いころの苦労は買ってでもせよ」とか、「三日・三月・三年を乗り切れ」などという言葉がかつての日本企業では語られてきました。美しいようにも聞こえますが、いまとなっては「下積み時代」を正当化するためのスローガンとも受け取れます。

これからはもう「下積み時代」を経験することはなくなり、「下積み時代」に縛られることもありません。誰も知らないことを学び、誰にもできない価値を生める人が、高い対価、高い年俸で評価されるだけになります。

そして、いままでの社会人としての人生を「下積み時代」からの一直線で送ってきた人は、自分の好きなことや、興味・関心が高い分野へのリスキリングをなるべく早くするべきでしょう。これだけ簡単に世界中の情報にアクセスできる時代になったわけですから、昔は仕事にならなかったことも、いまなら成り立つ方法が見つかる可能性があります。そういった備えをしているかどうかが、10年後の自分の居場所を確保することにつながるはずです。

その4

# 将来を憂う前に「転職のハードル」を下げてみよう

ＡＩ時代の到来で働き方が激変していくことは確実ですが、変化が大きすぎて、かえってどう行動すればいいのかわかりにくくなってしまう面もあると思います。

私は、会社員の場合ならまずこの際、「転職のハードルを下げてみる」ことが、最初に取るべき一手になるのではないかと感じています。

気の早い話をしてしまえば、減っていく椅子を気にし、将来を憂いているくらいなら転職したほうがいい、ということです。

日本の働き方として、生涯ひとつの会社に勤め上げるスタイルが徐々に変わってきたことは確かでしょう。それでも、転職サイトの「インディード」が調べた、転職を経験したことのある人の割合は6割程度なのだそうです。6割を多いと解釈することもできますが、たとえばアメリカやイギリスは9割以上にもなりますし、社会の構造がよく似ているとされる韓国でも75％にのぼります。日本は依然として、世界的には「転職をしたがらない国」と解釈できそうです。もっとも、ポジティブに考えれば「わざわざ転職する必要のない国」とも言えるでしょう。変化にはリスクも伴います。

一方で、変化のとぼしい日本では、転職でもしない限り、なかなか給与が思いきって引き上げられる機会がなかったとも言えます。あるいは、ある種の忠誠心、愛社精神や愛着をうまく「利用」して、相対的に低い給料で労働力を使ってきたとも考えられます。会社側からしてみれば、社会人としての教育を施してあげたのだから当然ではないか、という解釈も可能でしょう。

ただし、この種のシステムはすでに崩壊の危機に瀕しています。

私がいま、ＡＩに恐怖感を抱いている人たちに勧めたいのは、まず外部の「評価」を受けるというプロセスに、自らをさらすことです。

いますぐに転職したいという気持ちがなかったとしても、もしも現状に危機感を抱き、自分の評価に少しでも不満があるのであれば、転職者を求めているマーケットに自分のキャリアや能力を開示して、客観的な評価を受けてみることをおすすめします。

そこには否応なく、しかも正直な「プライス」がつくことになります。会社の規模やネームバリューも要素に加わります。

もしも自分が希望している企業や職種、あるいは年収を満たす求人との出合いがなかなかない場合、なんらかの問題はおそらく自分の側にあると考えざるをえません。自分の能力が時代の変化に見合っているなら、多くの求人が来ることが自然ですし、何より就職、転職業界のマッチングもすでにＡＩの導入が進んでいる分野ですから、ミスマッチは起こりにくくなっています。

その際、希望どおりの転職先が見つかれば、そのまま転職するのもいいでしょう。マイナビの２０２２年実績によれば、転職の結果、年収が上がった人は約４割で、下がった人の２倍以上になるそうです。

同時に、本気で転職する気がなかったとしても、自分自身の価値を正しく知ることで、何を学び、何を強め、そしてＡＩ時代に何が必要なのかを身をもって感じ取ることができれば、**リスキリング、リカレントの方向性を探るという意味でも、十分価値がある行動にできるのではないか**と考えます。

本当に転職する気がないなら、あくまで興味本位でいいと思います。自分自身のあり方、考え方に変化をつけるためのスパイスとして、「転職」という切り口を大いに利用してみる価値はあるのではないでしょうか。

そして本当に転職せざるを得なくなった際、場数を踏み、慣れているほうが有利なのは言うまでもありません。いままで自分の周囲にはなかった気づきを得るための手段として、ぜひ転職市場を気軽に活用してみるといいのではないでしょうか。

その5

# 「ウルトラニッチ」を狙おう！

転職にとどまらず、王道を目指すなら、私はぜひＡＩを味方につけたうえでのス**モールビジネス起業**を考えてみてはどうかと思います。

私自身、自分の研究アイデアが世の中にどんなかたちで役立ち、また実際にビジネスでのバリューがあるのか、つねに気になっています。ただ実験をし、論文を書いているだけでは飽き足らず、アイデアを世の中に問うてみたいという欲求があるからこそ、企業の経営にも関与し、また自ら出資もしています。こうした行動自体は、総じて楽しく、心躍るものです。

もしも起業に少しでも心が動くなら、ぜひ考えていただきたいのは「自分のなかにあるしたいこと、好きなこと」と、「それをビジネスとして成り立たせる現実的な思考」のマトリックスです。

好きなこと、したいことは、自分自身の人生のなかで培ってきた歴史であり、またセンスや感覚のようなものです。それは一般に、「夢」とか「趣味」、「夢中になっていること」、「興味」や「関心」などといった言葉で表現されることが多いでしょう。

自分のなかに、そうしたかたまりがいくつあるでしょうか？

私なら、それは「ＡＩに俳句を詠ませて、そうとは知らない人を感動させてみたい」だったり、「日本中の店舗の監視カメラをＡＩと接続してデータ化し、店舗の生み出す価値を最大化したい」だったりします。

次に問題になるのは、その「好きなこと」「したいこと」がビジネスに結びつくか、お金を出してまでその内容を買ってくれる人がいるかどうかです。私の場合、ＡＩ俳句は実験としてはおもしろそうですが、店舗カメラのほうがビジネスには結びつけやすそうです。では、一度そちらでの起業を考えてみよう……という流れになります。

ビジネスとして成り立つかどうかを考えるうえで、ＡＩ時代に重要になるのは、むしろ**「いままでになかったものかどうか」**だと思います。

勘違いしやすいのは、類似サービスでマーケットがあるから、すでに実績が出ているから……などという思考法です。もちろん、新しいビジネスのために大量の資本が投下できるのであればそれもまたひとつの手かもしれませんが、起業はあくまで、まずは小規模、スモールビジネスになることがほとんどです。

ここで考えておきたいキーワードが、ニッチです。

しかも最近、本当に誰もやっていない「ウルトラニッチ」というキーワードが少しずつ普及しつつあります。

私はこれも、もしかするとビジネスのＩＴ化が強く影響しているのではないかと考えます。これまでであれば、ある程度の規模がなければ実現が厳しく、チャレンジ自体もできなかった狭い、しかし深い分野が、効率化によって挑戦する価値のあるものになったと考えられるからです。

ＡＩ化は、さらにその流れを加速させるでしょう。言い換えれば、ＡＩが生まれたことでスモールビジネスの経営者１人でできることの幅がさらに広がるため、確実に顧客をつかめるのであれば、**そこまでマーケットの規模が大きくなくてもビジネスとして成立しうる**、というわけです。

まだ世の中で誰もビジネス化していない、あるいはビジネスになると信じられていないジャンルや商材のノウハウや起業のエピソードも、多数共有される世の中になってきています。「好きなこと」をビジネスにした話に触れるだけでも刺激を受けますし、ＡＩ時代の新しい働き方、あるいは稼ぎ方のヒントになるかもしれません。そして、ＡＩの普及自体が、こうした動きを取りやすくする方向に寄与するでしょう。

その6

# 流行りに身を任せるのは、「自ら考えない人生」の延長でしかない

もしもあなたが、ＡＩ時代による働き方の変化から「このままでは逃げきれないかもしれない」と不安を持っているのなら、**自分自身の新しい学びについても考える必要があるのではないでしょうか。**

近年、民間だけでなく、政府からも「リカレント」「リスキリング」というかけ声が強まっています。その意味するところ、とくに制度的な定義についてはまださまざまな揺れ動きがあるようで、企業内において企業が従業員に対して行う再教育を指すこともあれば、企業から離れる・離れた人が、自己の責任において学び直すことを指すこともあります。

もしもご自身のしている仕事が、この本で繰り返し強調してきたとおり「国語・算数・理科・社会・英語」の点数を競った結果の優秀さでこなしてきたものなのであれば、遅かれ早かれＡＩに代替されていくことは間違いないでしょう。

もはや、なくなる可能性の高い仕事に執着してもあまり実りはありません。

では、その対策として今後何を学ぶのか、何を学ぶべきなのかを考える際、たとえ何歳になっていようと、やはり私は「いまの自分が何をしたいか」に従い、そこから組み立てることこそが大切だと思います。

それはちょっと子どもじみていると思うのであれば、少し視点を変えて、「今後の人生において、自分の能力を最大限生かし、最大限の収入を得られる仕事は何か？そのために何が必要か？」を、自分で意思決定してみてほしいのです。

そんなの当然だろうと言われるかもしれません。ただ私は、いままで標準化された勉強に没頭し、それを活かして働いてきた人ほど、「リカレント、リスキリングが必要」と言われれば、結局、ランキングだったり、流行りだったりに判断をゆだねかねないと危惧しています。

言われたとおりにリスキリングしていくことは、結局、自ら考えない人生の延長でしかありません。そして、その結果が悪かったとしても、誰に文句を言えるわけでもありません。

ならばぜひ、この先ＡＩが世の中をどう変えるかと、自分のしたいこと、すべきこと、できることは何かを考えたうえで、不動産物件を悩むのと同様、どこに自分にとってのバリューがあり、そのために何を学び直せばいいのか、しっかりと考え直してみてください。

その7

# 「習慣化」を捨てれば「好きなこと」が見えてくる

ときどき「好きなことがありません。どうすればいいのでしょう？」という問いを受けることがあります

そんなこと言わずに……と奮起してほしいところですが、少し悲しい話にも聞こえてしまいます。

最強の生物ともされるゾウですが、幼いころから人に育てられ、クイにつながれて育つと、自由を得るためにクイを抜こうという発想自体が持てなくなると言います。私は、「好きなことがない」と訴える人に出会うたび、この話を思い出すのです。

小さいころ、自由に遊び回っていた過程では、必ず好きなもの、したいことがあったはずです。無から何かを生み出せなかったとしても、遊びAと遊びBならAのほうが好き、マンガCとDならDのほうが好き……こうした選択は、自分自身のなかから自然に湧き上がっていたのではないでしょうか。

それが、ある時期から「勉強」をすべてに優先させる日々に入ります。勉強が好きならまだしも、たいがいは好きなことに費やす熱量を下げざるを得なくなります。しかも、なまじ「勉強」をうまくできるほど、親も先生も褒めてくれ、周囲も一目置いてくれるようになります。

こうして、好きでもなかった「勉強」にだけ、そしてその延長線上にある好きでもない「仕事」にだけ注力する日々になってしまったのではないかと想像するのです。

いままでは価値のあった「勉強」や「仕事」は、ＡＩの時代においては崩壊しつつあります。ならば、封印していた好きなことを再び始めればいいのです。

厄介なのは、「何かを好きになる能力、方法」そのものを忘れてしまっているケースです。教えられたことを学習し、命令された業務を行うことだけで生きていたら、いつの間にか、ゾウのクイと同じ状況に陥ってしまったわけです。

こうした方たちに、もしかしたら役に立つかもしれない提案があります。

それは、**「習慣からの脱出」**です。

「習慣化」あるいは「ルーティーン化」という話題は、ビジネスの世界で関心を引きやすいテーマですが、私はＡＩの時代、**あえてその逆を行くことが大切だと思います**。あるいは、うまく習慣化したりルーティーン化したりして効率を追求したところで、どのみちＡＩにはとうていかなわないのですから、無駄な勝負はやめてしまったほうがいいでしょう。

習慣からの脱出を促進するためにおすすめしたいのは、少しずつ日常とは違う行為を増やすことで、自分に刺激を与える方法です。

私はかつて1年間、米ミシガン大学の客員研究員としてアメリカで生活したことがありました。とてもおもしろい思い出としていまも鮮やかに残っているのですが、おかしなもので、受けた刺激の半分くらいは、最初の1週間に凝縮されていたのです。

最初の1週間に、研究活動をしたわけではありません。客員研究員はあくまで客員ですから、給料ももらえませんし、先方があれこれコーディネートをしてくれるわけでもありません。席はあるので、どうぞ研究してください、という状況です。

つまり私は、アメリカに渡ったらまず自力で家を探し、電気やら水道やらの手続きをし、車や銀行口座や電話などを手配し……といった、考えてみれば当たり前のことをやらなければなりませんでした。

当初予約していたホテルは3日間のみ。まだスマホもない時代でしたから、この間にとにかく自分自身で情報を収集し、積極的に動かなければならない状況に追い込まれました。英語は苦手だなんて言っていたら、野宿しなければならなくなります。はたから見れば、徒手空拳で生活を維持する手続きをした、というだけの話ですが、私にとっては残り約350日の研究生活と同じくらい、その1週間の経験が記憶に残っています。考えてみれば、日本にいてもアメリカにいても、研究する内容は連続しています。しかし、言語も文化も違う国で手続きをこなしていくのはまったく初めての体験でした。そして、いま思い出しても刺激的で楽しく、なんだか変な自信もついた気がします。

さらに言うと、こうした一見なんの関係もないエピソードが、じつは私自身の研究者としての時間にも役に立っていると思います。未知の出来事に遭遇し、不思議に思ったり、悪戦苦闘したりするのは、子どもが初めて味わういろいろな経験と同じことだからです。

もしも私の体験がみなさんの役に立つのなら、習慣から脱却するために、次のような「リハビリ」をおすすめします。これは、私自身も日々実践していることです。

- 会ったことのない人と会う
- 行ったことのない場所に行く
- したことのないことをする

この本の執筆も、私にとっては「習慣からの脱却」の一環であったりもします。

大げさに考えなくてもいいと思います。いつもと違う道を通る、いつもと違うメニューを頼む、いつもと違う情報を検索する……すぐに刺激を受けられそうな方法がたくさんあります。そして、少しずつ「何かを好きになる力」、「好きなことをする気力」を取り戻していければいいでしょう。

日々を通常運転で過ごしているようでは、おそらく今後もその範囲で生きるだけになるでしょう。習慣に埋もれ、ルーティーンに従って生きるのは楽かもしれませんが、それはＡＩがもっとも得意とする作業です。

ぜひこの機会に、習慣から脱却してみることをおすすめしたいと思います。

その8

# 「成功する変人」を目指せ

現時点での結論として私が考える、ＡＩ時代を生き抜き、これから成功していける人物像とは、「変人」です。

自分の好きなことを突き詰められる人。好きな気持ちを継続できる人。もしもその内容が、今後、世間の求めているものに合致しているのだとしたら、「大成功する変人」になれるかもしれません。

嫌な思いをして言われた作業をこなし、時間と引き換えに給料をもらうような働き方は、遅かれ早かれなくなるのです。そのあとで、「時代の犠牲になった」「マトリックスの養分になった」と考えるか、「嫌な思いをしてまで働かなくてもいい時代が来た」「生きたい人生を求めてもいい時代が来た、しかもマイナーな内容ほどチャンスがある」と考えるかの違いだけで、これからの人生は大きく変わってくると思います。

戦争後に大きなチャンスをものにした企業は、少なくありません。

日本ではソニーやホンダが代表例ですが、町じゅうが焼け野原になり、それまでの秩序や常識、人生訓のようなものが一度崩壊してしまった状況のなかで、成功した人、チャンスをつかめた人というのは、「したいことがあった人」なのではないでしょうか。

どのみち、すべて焼けてなくなってしまったのです。しかし自分は幸いにも生きていて、仕事はできる。ならば好きなこと、やりたいことをして、最後に「いい人生だった」と言いながら死んでいきたいものだと考えたのではないでしょうか。


その後、日本が復興するなかで、たくさんのルールや常識が新たに作られ、再び人々はそのなかで生きるようになりました。はみ出すことが得策ではなく、同じ競争科目のなかで高得点、高パフォーマンスを出すことをみんなが目指してきたわけです。

しかし、農業が、工場が自動化され、携帯電話やパソコンが生まれ、インターネットやスマホが普及し、世の中はどんどん変わっていきました。そして、AIの登場と発展は、これまでのすべての変化を凌駕するインパクトを持っているといっても過言ではありません。

戦争直後のように、食うに困る、ということはないにせよ、私たちは「焼け野原に放り出された」というくらいの心構えでいて、思いきって「変人」になってしまうくらいがちょうどいいのではないかと思います。

結果として、ＡＩが浸透した時代の理想像は、「四方八方にトゲをとがらせたウニ」のような社会です。トゲの長さも太さもバラバラだけれど、いちおうはひとつのかたちとなっている。世の中のみんなが、自らの意思決定に従って「変なこと」ばかりしているので、それぞれが鋭くとがって好き勝手な方向を向いている状態。どのトゲも個性的で、漫画ばかりの人もいれば物理ばかりの人も、ポケモンばかりの人もいれば哲学ばかりの人もいるでしょう。

それでは社会の調和や秩序が保てないかというと、私は正反対だと思います。

誰もが自由にしたいことを追いかけている社会のほうが、全体としては人間の英知を最大化して、いい方向に向かえるのではないかと思うのです。そして、それまで人力でやっていた仕事は、ＡＩに任せてしまえばいいのです。

生成ＡＩの時代が来る、社会が変わると感じているなら、自分の価値観をこうしたものに転じられるかどうかが、今後の人生の豊かさを大きく左右することになるでしょう。

それは、恐るべき時代ではなく、楽しい未来なのです。

コラム

# AIに政治を任せるべきか？

AIの発達と普及に合わせて、政治もAIに任せれば公平で合理的なのではないかという説があります。第2章でも少し触れましたが、私は政治をAIに任せるべきではないし、そもそも任せようがないと考えています。

まず大前提として、民主主義の基本的なルールである多数決は、必ずしもベストな意思決定の方法ではないことが「アローの不可能性定理」で示されています。この話に立ち入るとまた別のテーマになってしまいますが、多数決の前段階である、意見を述べたり議論を戦わせたりする過程は、AIにはできないのです。

私たち個々の意思決定は、私たちにしかできません。AIに補助させることはできても、決定した意思は自分自身の選択です。

民主主義における政治では、そこに属するさまざまな人の意思を相対化しながら戦わせることになります。言い換えるなら、ある人が自分で決定した意思と、また別の人の意思決定を比較しながら、何かしらの新しい意思決定を作り出していく必要が生じるわけです。

ところが、それぞれの意思決定は、前提条件からして違います。

たとえば、政権を担っている与党であれば現実的、あるいは現状維持になりやすいでしょうし、政権運営に責任のない野党なら、理想的でも非現実的なものになりやすいと言えます。双方を戦わせて新しい意思決定ができればいいのですが、たいがいは折り合わないため、結局言いたいことを言い合って多数決で決める、ということになります。

私はこれがいい、いやいや別の方法がいい、というそれぞれの意思決定は、それ自体AI化することが難しい世界です。繰り返しになりますが、AIには「こうしたい」という意思がないからです。

実際のところ、政策や提言の質をAIで高めることは可能でしょう。データを集め、政策の実現可能性や、実際に行われた施策の効果を探ることはAIの得意とするところです。しかし、それを踏まえて今後どうするかについての答えは、ＡＩでは出せないのです。

その結果、実行不可能な政策は取り除けるかもしれませんが、実行可能な政策のなかから何を選ぶかは、やはり賃貸物件と同じ話になってしまいます。道路を作るべきか、子育てに投資すべきか、政府のデジタル化を進めるか、減税するか。その決定をＡＩにゆだねることは、おそらく不可能です。

この問題は、個人に置き換えた場合の「自分で意思決定できることの大切さ」とほとんど同じです。どんなにＡＩが発達しようと、政策をどうするかは、集団的な意味での生き方の意思決定と同じだからです。

日本の政治を動かしてきたいわゆる大物政治家が、これまで必ずしも学歴だけで選ばれてこなかったことも、じつはこの証明になっている気がします。勉強がよくできること、テストの点数が高いこと、卒業した学校や経歴のバリューと、「あの人に任せる」「あの人が言うなら仕方ない」と思わせる、いわゆる「政治力」は比例しないからです。

# 第4章

# 学びとキャリアの未来

# もしも教育の現場に「生成ＡＩ」がやってきたら？

企業の形態や働き方の常識が変わり、親世代も子ども世代も影響を受ける一方で、じつは親と子どもの関係、学校と学生・生徒の関係も変化していくことになります。私自身も子を育てる親であり、同時に教育者でもありますので、この問題には非常に敏感になります。

第一に認識しておきたいのは、親、あるいは先生といった「子どもよりも多くのことを知っている、身近で信頼できる大人」よりも、スマホやタブレットのなかにいる生成ＡＩのほうが、圧倒的にモノを知っていて、なんでも答えてくれる存在であること。そしてその事実を、子どもたちが当たり前に認識する時代がやってくるということです。これは、大きなインパクトです。

これによって、子育てだけでなく、いままでの教育のかたちも「オワコン」化することが避けられません。


いままでの日本の教育は、教室という空間のなかに一人の先生と多数の生徒がいて、先生はその科目のすべてを知っている存在、大げさに表現するなら「その教室のなかの全知全能の神」として教えを施すことを前提としていました。

そこに、ＣｈａｔＧＰＴなどの生成ＡＩが登場しました。文章で入力すれば文章で答えてくれるのですから、小学生も高学年になると、アプリさえインストールすれば、先生以外の「なんでも知っている存在」といとも簡単に出会えることになります。しかも、いつでも好きなときに「教えを乞う」ことができます。

さて、もしも生徒が学習の場で生成ＡＩを持ち出したら、どうなるでしょうか？

学校の決まりで携帯電話は持ち込み禁止……かどうかはさておき、先生は困ったことになります。なぜなら、自分一人が独占してきた「全知全能の神」のポジションが、もろくも崩壊してしまうからです。

## おもな対話型生成AIの概要

| | ChatGPT | Bing Chat | Bard |
|---|---|---|---|
| 提供主体 | OpenAI | Microsoft | Google |
| 利用規約上の年齢制限 | 13歳以上<br>18歳未満の場合は<br>保護者同意 | 成年であること<br>未成年の場合は<br>保護者同意 | 18歳以上 |
| 利用料 | GTP3.5の場合は<br>無料<br>GPT4の場合は<br>20米ドル／月 | 無料 | 無料 |
| プロンプトの機械学習の有無 | 有<br>※機械学習を<br>させないようにする<br>設定が可能 | デフォルトで<br>機械学習を<br>させない設定 | 有<br>※機械学習を<br>させないようにする<br>設定が可能 |
| 準拠法 | 米国<br>カリフォルニア法 | 日本法 | 米国<br>カリフォルニア法 |
| 管轄裁判所 | 米国<br>カリフォルニア州<br>サンフランシスコ<br>郡内の裁判所 | 日本 | 米国<br>カリフォルニア州<br>サンタクララ郡内の<br>裁判所 |

出典：初等中等教育段階における生成AIの利用に関する暫定的なガイドライン（文部科学省）

しかも、おそらく生成ＡＩのほうが先生よりたくさんのことを知っていますし、操作している子どもが自分の知りたい質問をいろいろ試してみることで、より深く学ぶこともできるようになります。先生は、もちろん知識の量は子どもよりありますが、教科書会社が作成した指導書というアイテムのおかげで、じつは詳しく知らないことに対しても、すべてを知っている存在として振る舞えていたのが実情だったりもします。

では近い将来、教室から先生がいなくなり、生徒たちは先生の代わりに生成ＡＩから教わるのかというと、それはまた別の話となります。

学校は人間関係やコミュニケーションを学ぶうえで大切な場でもありますし、学校が会社のように、効率化を求めて大規模かつ迅速に変わることはないと思われます。

なぜなら、経済活動とは違い、教育は制度だからです。

制度はそう簡単には変えられませんし、変えるためには議論が必要となります。

# 先生よりも、AIを頼る子どもたち

一方で、教育のかたちはなし崩し的に変わっていくでしょう。

子どもには本来、一人ひとりに学びたいことがあり、それぞれ得意、不得意な分野があり、自分にとって必要となる分野、必要性の低い分野があって当然です。ということは、大きな教室にみんなが集まり、たった一人の先生の教えを受ける方式は、決して合理的ではないし、それぞれの子どもにとって最適化されているわけでもないことになります。

小学校低学年までであれば、あるいはこうしたかたちが有効、またはそうするしかないのかもしれません。しかし自我が芽生え、子どものなかに「したいこと」が生まれてしまうと、ＡＩがある世の中では、ＡＩのほうが知りたいことをより詳しく教えてくれる存在になり、先生よりもＡＩを頼ることは避けられないでしょう。なぜなら、どんな疑問にも答えてくれる存在が、手のひらのなかに存在することになるからです。

試しに、あなたが小学校の先生、あるいは小学生の親だったとして、何も助けがない状況で、突然、子どもからこんな質問が投げられたとしましょう。

「空って、どうして昼間は青いのに、朝や夕方はピンクやオレンジになるの？」

いかにも小学生らしい質問ですが、半面、とても科学的で、うまく答えて知的好奇心を引き出せば、科学への興味をたきつけられそうです。

はたして、的確に答えながら、目論見のとおり教育的に誘導できるでしょうか？

どうかすると、「見ればわかるだろう」「そんなの常識だよ」なんて、こちらがわからないことを悟られないように、おざなりに答えてしまうかもしれません。

そこで小学生は生成ＡＩアプリを起動して、「小学生にもわかるように」と前置きしたうえで、同じ質問を入力します。

すると、

「空の色が変わる理由は、太陽光が大気の中に入ると、空気の中のちっちゃな粒子が光をバラバラに散らすからです。昼は太陽が真上にあるので、青い光が一番よく散らされるから空が青く見えるんです。でも太陽が地平線に近づくと、青い光が散らされずに赤やオレンジの光がよく見えるようになるんです。だから夕方や朝は空がピンクやオレンジになるんですよ」

と、数秒で答えてくれます。

ちなみにこれを「レイリー散乱（さんらん）」と呼ぶのですが、小学生にそう教えてもわからないので、おそらく答えには含まれないでしょう。

こうして、ＡＩから情報を吸収した子どもは、同じような現象として虹の存在を思い出したり、星の輝き方や蜃気楼の原理が気になったりするかもしれません。そこでまた「小学生にもわかるように」と前置きしてAIに聞けば、ますます知りたいことがわかるようになります。

比較するまでもありません。よほど科学の一般常識がない限り、こうした質問に、いきなりAIと同じレベルで対抗することはもはやできないでしょう。

そして、もしも運よく対応ができたとしても、今度は子どもが「どうしてカタカナよりもひらがなを多く使うの？」とか、「日本の絵とヨーロッパの絵はどう違うの？」「天皇陛下と総理大臣はどっちが偉いの？」と聞いてきても、やはり数秒でわかりやすく答えることは難しいでしょう。

学ぶ側から見ても、教える側から見ても、AIが存在する世の中では、いままでのような教育の考え方を保つこと自体、かなり難しくなっていくと考えられます。

# 働き方が変わる時代の「学び方」

この本で繰り返し述べてきたとおり、働き方は変わります。

自分で判断し、したいことをできる人が生き残ることになります。

これまでは、ある程度均質な知的レベルでそろっていること、標準的な内容をみんながてきる教育が理想であり、すでにある教育内容のなかで理解度や暗記の度合いを競う仕組みになっていました。そこに「下積み時代」の新人教育を施すことで、ある意味カスタマイズをしてきたわけです。

今後は、社会自体がそうではなくなります。

ＡＩが教師や親よりも物知りであることと同時に、教育の目的もまた、いままでのような「人の標準化・大量生産」ではミスマッチになるでしょう。

教育現場の一部では、すでに未来を見据えた動きが出ています。

2023年4月に徳島県に新設された神山まるごと高等専門学校。テクノロジーとデザイン、そして起業家精神を養い、「モノを作る力で、コトを起こす人。」になることを目指す人物像に据えた高専で、「高等専門学校」という既存の教育システムを上手く利用し、まさに自分で決断できる人になるための教育を集中して受けられる画期的な試みです。

いままで日本の学校で行われていた教育内容、そしてその成果は、AIによって代替されます。そのほうが経済的に合理的なのですから、教育の側からはコントロールできません。

AIを教育に使ったり、子どもにAIの利用を許したりすれば、AIが正解を教え、レポートを書いてしまうために悪影響が懸念されると言います。

私ならこの考え方には、「AIに簡単に答えられるような設問自体、もう教育する必要はない」とお答えします。トートロジーのようですが、なぜならそんなことはもうＡＩに任せてしまえばいいからです。

むしろ反対に、子どもには好きなだけ生成ＡＩを使わせればいいのです。気になったことはどんどんＡＩに聞いてもらい、その答えを受けてさらに問答を重ねます。これはまるで、ソクラテスとの対話です。誰もがスマホのなかに自分だけのソクラテスを保有し、好きなように活用できるわけです。

学びたい側自身が、ＡＩと対話することで、本当に知りたいこと、自分が深く学ぶべきことを、素早く、しかも確実に見つけ出していけます。その先にあるのが、ＡＩには代替できない世界なのだと思います。

# 興味のない分野の勉強はコスパが悪い

こうした世の中では、いままでのような「テストで高い点を取り、いい学校からいい会社へ」という流れも、完全に崩壊するでしょう。当然、親として、子どもをどう教育するかについても、考え方を変えていくことをおすすめします。

いままでの価値観は、日本中、さらには世界中において、同じような能力を点数化して競うコンセプトでした。

模擬試験の偏差値から始まって、入学試験の点数、卒業した学校のランキング、入社した企業の競争力などが、年収＝暮らし向きを左右したわけですから、親としては当然、子どもをその競争に負けないよう叱咤激励していくことこそ教育の根幹だったわけです。

しかし、そのほぼすべてがＡＩで代替されるこれからは、そうした教育の考え方が、むしろ子どもを不幸にさえしかねないことになります。

これからの教育をわかりやすくたとえるなら、「幼いころの大谷翔平選手に『国語・算数・理科・社会・英語を、野球の練習時間を犠牲にしてでも一生懸命やりなさい』と教えるべきか？」という設定が適切ではないかと思います。もしあなたが大谷選手を指導する立ち位置にいたとしたら、どうするでしょうか。

私は大谷選手がどのくらい国語や算数を得意としていたか、あるいは大切にしていたかを知りません。あれだけの選手ですから、じつはほかにもいろいろな才能があることでしょう。しかし、貴重な時間を割いて何をどう学ぶかは、大谷選手自身に任せたほうがいいとは思わないでしょうか。

本人に、やりたいこと、学びたいことがあるのに、親や先生が苦手なことを無理にさせたところで、そのパフォーマンスは大して期待できないと考えるのが自然です。

じつは私自身、コンピュータには小さなころから強い興味を持ち続けていまに至るのですが、反対に、社会科の授業には関心がありませんでした。興味がないので、教科書を読み、テストを受けるのが苦痛でしかなかったのです。それでも大学入試のためにはある程度の勉強は避けられないため、どうにかこうにかこなしてきた、というわけです。その分をコンピュータの勉強に割ければ……と考えると、じつに効率が悪かったといまだに感じています。

ただおかしなもので、社会人になったあと、日本のあちこちや世界各国に出向けば、自然とその土地の地理や歴史、社会制度の違いにも関心が湧いてきます。いやいや記憶した社会科の知識には、じつはこんな意味があったんだと、何年もあとになって実感することも多々あります。

でも、勉強はそこから始めてもいいはずです。知りたい、という気持ちこそが大切で、知りたくもない状態での勉強は、かけた時間に対する成果が低すぎると思います。いわば「コスパが悪い」のです。

厳しい言い方をしてしまうと、いままでの教育の仕組み、内容、受験でオールラウンドな知識を問う方法は、その先の世の中で比較的安定的にお金を得ていくために、もっともイージーな方法、手段を教えるものでした。

しかし、すでに世の中のあり方は変わりつつあります。

学校の勉強を（おそらく）一生懸命してきたわけではないＨＩＫＡＫＩＮさんやＺＯＺＯの前澤友作さんは、いままでの教育システムに当てはめれば「ドロップアウト」したとも見なせますが、彼らの稼いだお金はきっと日本中のほぼすべての教育者や親よりも多額です。さらには、彼らが仕事をする姿は、とても楽しそうです。

ＡＩが世の中を変えることは確実ですが、じつは携帯電話やパソコン、インターネットの普及で働き方が変わってきたのと同じく、すでにずいぶん前から世の中は変わりつつあり、正解もまた揺れ動いているのです。

子どもが動画撮影や編集に夢中になっていて、学校の勉強をおろそかにしていたら、怒って止めるべきでしょうか。以前ならそうするよりほかになかったと思いますが、いまでは必ずしもそうではなさそうです。

なぜならもう、「国語・算数・理科・社会・英語」に、以前のような付加価値はないからです。

# 子どもが学びたいことと親が学ばせたいことには溝がある

こうしたなかで、親としてどう子どもを教えていけばいいのかは難しい問題です。自分が学んできた子どものころの常識がもう通用しないことは明白で、親としても、一度常識を崩したうえで再構築しなければならないからです。

自分もまた、自分の親や先生に「学校の勉強をがんばれ」と言われて育ってきた。自分はそのおかげでまずまずの生活ができている。何を学ぶべきかは教科書に書いてあるし、大学入試の過去問を研究すればいい。会社でどう振る舞えばプロモートされやすいかは、うまく立ち回っている先輩を参考にしよう……こうした崩壊の危機に瀕している価値観に共通するのは、「思考停止」です。

誰かに言われたから、みんなそうしているから、それが世の中の常識だから……などといった決め手で動いているだけで、それぞれの判断に、自分の意思決定が絡んでいないからです。

考えなくてもいいのはとても楽だ、と感じる層は、一定数存在します。彼らは疑問も持たず、テクニック的に「勉強」をこなし、点数の取り方を会得して実際にたたき出すことが努力だと心から信じていて、もともとは自分のなかにあったかもしれない価値観や興味には無関心です。

大げさな言い方ですが、これは結局のところ、「幸せ」を何に感じるか、どこに置くか、と同じ問題ではないかとも思います。

でもそういう人たちは、自分がやってきたことがＡＩに取って代わられるとは、はたして想像していたでしょうか。

大勢の集団のなかで、自分の位置が相対的に有利なポジションにいることを誇りに思い、幸せを感じる価値観は、そのバックボーンとなってきた仕組み自体が崩壊の危機に瀕している状態です。その際、本来なら自分のなかにあったはずの価値観を失っていると、もはや方向性自体を喪失しているも同然で、リカレント、リスキリングどころではありません。

子どもの教育も、理屈はまったく同じです。

勉強が苦手でなかなか成績の上がらない子どもを、安くない月謝を払って塾に入れ、毎回送り迎えまでして勉強させたところで、本人に勉強したい、勉強しなければならないという気持ちがない以上、「成績」が伸びることはないでしょう。もともと関心があるなら、塾に通わせるまでもなく学校の勉強である程度は学べるからです。

塾に入れておけばどうにかなると考えるのは親心ですし、それにはお金もかかります。しかし残念ながらそれは、「コスパが悪い」お金の使い方だと言わざるを得ないでしょう。さらに厳しく言うのであれば、子どもが既存の教育の仕組みから道を踏み外さないよう、親としては精いっぱいの責任を果たしているという「安心感」を買うために支払っているお金なのかもしれません。

せっかくお金を使って子どもの能力を伸ばすのなら、子どもがしたいことをさせたほうが断然コスパはよくなります。先生も褒めてくれるでしょうし、子どもも前向き

## 幼稚園3歳から高等学校第3学年までの15年間の学習費総額

（円）

<table>
<tr><th rowspan="2">区分</th><th colspan="4">学習費総額</th><th rowspan="2">合計</th></tr>
<tr><th>幼稚園</th><th>小学校</th><th>中学校</th><th>高等学校（全日制）</th></tr>
<tr><td>ケース1（全て公立）</td><td rowspan="3">472,746（公立）</td><td rowspan="3">2,112,022（公立）</td><td rowspan="3">1,616,317（公立）</td><td rowspan="3">1,543,116（公立）</td><td>5,744,201（公→公→公→公）</td></tr>
<tr><td>ケース2（幼稚園だけ私立）</td><td>6,196,091（私→公→公→公）</td></tr>
<tr><td>ケース3（高等学校だけ私立）</td><td>7,357,486（公→公→公→私）</td></tr>
<tr><td>ケース4（幼稚園及び高等学校が私立）</td><td rowspan="3">924,636（私立）</td><td rowspan="3">9,999,660（私立）</td><td rowspan="3">4,303,805（私立）</td><td rowspan="3">3,156,401（私立）</td><td>7,809,376（私→公→公→私）</td></tr>
<tr><td>ケース5（小学校だけ公立）</td><td>10,496,864（私→公→私→私）</td></tr>
<tr><td>ケース6（すべて私立）</td><td>18,384,502（私→私→私→私）</td></tr>
</table>

出典：令和３年度子供の学習費調査の結果について（文部科学省）

になります。好きなことを突き詰めることは、楽しいし、おもしろいからです。

そのためには、世間での評判や将来役に立つかなどのフィルターをいったん外したうえで、いろいろな学びを一周させて反応を見るくらいの余裕があったほうがいいでしょう。

ピアノやバイオリンを学ばせたところで、金ばかりかかるだけでどうせプロの演奏者になんてなれはしないという批判をよく聞きます。確かに、そのとおりかもしれません。ただ、これからのＡＩの時代には、好きなことを好きなだけやり通したことそのものに、高い教育価値があると感じています。

ピアニストになれなかったとしても、どうすればうまく弾けるようになるかと努力したり、幼いうちに良質の音楽にたくさん触れたり、本心から興味を持って楽しめたこと、その経験自体が価値となり、その先に出合うかもしれないさまざまな出来事に対して好奇心や探究心を保てる力になります。

なぜなら、そこには子どもなりの「意思決定」が絡んでいるからです。

同時に、いろいろやらせてみるなかで、一度は一生懸命やり始めたことを急に放棄することもあるでしょう。嫌気が差したり、飽きたり、ほかにもっと好きなことが見つかったり……と、理由はいろいろ考えられます。

しかしこの場合、私は、本人が飽きたのならやめさせていいと考えます。楽しさや発見といったポジティブな気持ちを持てなくなったのなら、そこにお金を使うこと自体、まさに無駄です。半面、そこまでの経験は表面的な成功に結びつかなかったとしても、次の機会に「意思決定」する際には重要な糧になるからです。

# 夢をバカにすると路頭に迷う時代が来る

教育に関するさまざまなポイントは、ＡＩの時代を生きていくうえでの大きな転換点になると思います。

すべてが変わっていくなかでは、自分自身の存在や行動をポジティブに考える力、「自己肯定感」自体が、子どもの大きな財産になります。あるいは、これからの子育てや教育は、**子どもの心に自己肯定感を植えつけることさえできれば、十分成功だと**言えるのではないでしょうか。

自己肯定感をどんなタイミングで得るのかについて論じられるほど、私は専門家ではありません。一方で、ＡＩによって変わっていく社会の状況を、歴史も踏まえて川の流れのように捉えた場合、おぼろげながらも、見えてくる動きがあるとも感じています。

結論から述べると、自己肯定感は、「自分で決め、自分で考えたことで成功する」ことによって得られると考えます。

問題は、子どもにその機会を与え、経験をさせること自体を教育と考えるかどうか、ではないでしょうか。

私は、世代としては第二次ベビーブーム、いわゆる「団塊ジュニア世代」に属する人間です。このネーミングは、私たちの世代が総じて「団塊の世代」（第一次ベビーブーム、狭義では1947〜49年生まれ）の子どもだからなのですが、「団塊の世代」、「団塊ジュニア世代」、そしてその後の世代の子どもで自己肯定感の形成過程を比較しながら考えてみると、形成に大きな違いがあると思うのです。

「団塊の世代」は、同世代が年260〜270万人も存在し、出生率で言えば4を超えた時期です。兄弟が多い一方、誰もがまだ生きるために必死で、技術面の発展もいまとは大きく異なります。親の労働時間は長く、子どもたちはいい意味で放任され、勝手に育った世代だと言えるでしょう。そのため、幼いころから自分で考え、自分で決め、自分で行動し、その結果も自分で背負う仕組みに慣れていたと感じます。

彼らの子どもたち、「団塊ジュニア世代」は、狭い意味では1971～74年生まれを指します。この時期は、その親世代ほどではなかったにせよ、親となる人の絶対数が多かったため、同世代で200万人を超え、出生率も2を超えていました。いま思えば、当時は人口が増える数値をぎりぎり維持していたことになります。世の中はすでに高度成長を終えて安定期に入っていて、「受験戦争」などという言葉はこのころから本格的に問題視され始めました。

そして、さらにその子どもの世代ともなると、同世代の子どもの数は半減、最近では年間100万人にも届きません。一人っ子どころか、祖父母世代にとっても孫が1～2人しかいないことも珍しくなくなりました。

この状況は、とにかく子ども一人当たりに注がれる大人の視線、あるいは「期待」が重く、大きいことを意味します。団塊の世代とは正反対で、何をするのも親が関与、介入しがちになり、お金も手間もかけて「しっかり大切に教育」することが当然となります。その結果、子どもは自分自身で意思決定し、成功したり失敗したりする機会も経験も持ちにくくなっているわけです。

これでは、自己肯定感を持ちにくくなることは言うまでもありません。すべて言われたとおりに、怒られないようにしているだけで、たとえ成功したとしても、褒められこそすれ、心から自分が望んだことでもないため、肯定的なマインドになることはないでしょう。

この問題を考えるとき、思い出すのがプロゴルファーの石川遼選手とそのお父さんの話です。

石川選手の父・勝美さんは、信用金庫の職員でした。幼いころの石川選手を指導していた当時、お父さんは少なくともゴルフやコーチングがプロ級にうまいというわけではなかったことになります。

幼いころ、石川選手は「マスターズで優勝したい」という夢を語ったそうですが、そこで「プロゴルファーになんて簡単にはなれないし、なっても食っていけないよ。

ましてやマスターズ優勝なんて……」と「現実」を語っていたら、少なくともいまの石川選手は存在しないでしょう。

そして代わりに、自分と同じ金融の道に進ませたり、大人の自分が知っている有望な企業や業種に入れたりするため、ゴルフクラブを取り上げて勉強を一生懸命させていたら、あるいはそのとおりになったかもしれませんが、現在の石川選手と比べれば、自己肯定感は雲泥の差でしょう。

ここで重要なポイントは、お父さんが幼い石川選手の夢を決してつぶさず、本人がやりたいようにサポートしたことです。ゴルフ場に連れていき、できるだけ上手な人とプレーする機会を作り、自身は車のなかで待っていたそうです。

当時のお父さんの心情を勝手に想像してみるに、「プロになれる」「優勝できる」という気持ちは、当初そこまで大きくなかったのではないでしょうか。しかし、本人が夢を自ら語り、やりたいと言っているのなら、どこまでできるかを自分自身で試すこと、そのうえで結果を得ることそのものに大きな教育効果があり、その後、ゴルフをあきらめて別の道に進むことになっても、ゴルフの経験が生きるはずだと考えていたのではないでしょうか。

石川選手は若くしてプロゴルファーになり、史上最年少記録を含む数々の優勝を重ね、賞金王にもなりました。ただ私は、それもあくまで結果にすぎないと思います。石川選手が仮にプロゴルファーになれなかったとしても、自分で自分の力を試した結果、得られる自己肯定感は、その後、何をするにしても大きくプラスになっただろうからです。

私自身の話をしますと、北海道の田舎で、当時まだほとんど普及していなかったパソコンを朝から晩まで触って、プログラムを自作しながら、関連の雑誌や本を読みふけっていた子どもの私を、親は「そんなおもちゃをいつまでもいじっていないで勉強しろ」とは言わず、放っておいてくれました。自分で書いて雑誌に投稿したプログラムが採用、掲載された日のことは、いまでも忘れられない思い出です。現在の私があるのは、環境のおかげが大きいと感じています。

ＡＩの登場で社会が変化しているいまだからこそ、自己肯定感の価値は高まっていると思います。

正直、私自身もＡＩがどこまで世の中を変えるのか、想像しきれていない部分が多々あります。だからこそ、思いも寄らぬ大変化に接したとき、頼りになるのは自分自身の能力というよりも、それを支える自己肯定感です。

親の立場では、子どもの自発的な気持ちを否定するようなことは、絶対にしないほうがいいと思います。いわゆる「ドリームキラー」の親です。よかれと思ってそうしていたとしても、これからはいっそう逆効果となってしまう可能性が高いです。

そもそも、しょせん親も一人の人間でしかありません。一人の知っている知識、正解などたかがしれていますし、その基礎となっている知識や常識ですら、すでに古びている可能性が高く、ＡＩによる変化はますますそれを加速します。

子どもが社会人となる10年後、20年後の世の中がどうなっているかなど、不確実、不透明としか言いようがありません。

だからこそ、「自己肯定感」が最強の教育成果になるのです。

## 「判断のセンス」に長けた人を目指せ

「いい意思決定」をするためには、そのバックボーンとして「いい学び」が必要だと感じます。「いい学び」とは、もちろん「国語・算数・理科・社会・英語」をたたき込むことではありません。

意思決定とは、第1章で不動産物件を選ぶ際の多目的最適化を説明した際に例で挙げたとおり、さまざまな比較不可能な要件を、なんらかの意思や考えを持って選んでいく行為です。駅からの近さと、眺めのよさと、住宅設備の充実度で迷ったとき、どれを選び、どれを捨てるかは、究極的に本人次第です。

好み、センスとでも言うべきこうした判断を、どういった根拠、あるいは感覚で行うのかは、本人がそれまで経てきた経験、学んできた内容によるのではないでしょうか。ビジネスに学ぶのか、歴史に学ぶのか、美術に学ぶのか。それぞれ学んでいたとしても、バランスはどう取るのか。

じつは無意識的にせよ、こうした感覚は誰のなかにも備わっています。

AIで変化する社会に対応しやすいのは、この「判断のセンスに長けた人」です。

そのために、どんな学びが大切になるのでしょうか。

結論は、「心から学びたいものを学ぶ」です。

石川遼選手がゴルフを学び、さかなクンが魚を学んだように、好きな「学び」をしてみることです。それを奪ってまで、国語だ、算数だ、英語だとやらせてみても、思ったような効果は上がりません。

親としてまず助けるべきは、子どもの力だけでは到達できない学びをサポートし、伴走してあげることです。子どものころの石川選手は一人ではゴルフ場に入れませんし、ゴルフ場に通うお金も交通手段もありません。そこをお父さんはサポートしてあげたわけです。

さかなクンのような子どもを想定するなら、やはり子どもだけの力では思いつかない学びのチャンス——水族館に連れていく、魚が見られる水辺に連れていく、魚屋で魚を見たり買ったりする、調理して食べる、図鑑やソフトを買ってあげる、詳しい先生に会い、質問できる機会をアレンジする——などを与えることが考えられます。

もっと幼い子であれば、一緒にインターネットで調べてあげるだけでも、大きな助けになるでしょう。そして、生成ＡＩもそこに貢献できることは言うまでもありません。

内容はゴルフでも、魚でも、車でもパソコンでもかまいません。ただし、本人が好きなもの、本人が学びたいことをさせましょう。そして答えを与えるのではなく、**本人が答えを楽しく探せるようにサポートしてあげればいいのです。**

こうした学びのかたち、スタイルを会得できれば、たとえ「好きなこと」が変わっても、いかようにも対応できるようになります。魚が料理に変わっても、車が電気自動車に変わっても、学んでいくステップを知っていればいいからです。

**自ら学ぶべきことを探す力があることが大切**なのです。

# 挑む価値が上がる「答えがない問題」

私の研究室である「調和系工学研究室」には、学部の教育を終え、研究者になろうとする学生が入ってきます。私たちが研究するテーマは、もちろん現時点では結論が出ていなかったり、どうなるかわからなかったりするものばかりです。

学生には、本人の希望も聞きながら研究テーマを割り振るのですが、ときどき「答えはなんですか？」と聞いてくる学生がいて驚かされます。研究とは、答えがわかっていないことに挑む行為だと理解していないのです。私にそう言われた学生は、少し戸惑っているようにも見えます。

この背景を考えると、おそらく「優秀な子」として育ってきた彼らは、明確な答えのある問題しか解いたことがないのではないかと思います。

そして、答えがある問題を人よりも早く正確に解くことに長けているため、「答えがない問題」が存在することを感覚的にわかっていないし、まして「答えがない問題」に関心を持ち、あれこれ探ってみようという意思を持つ機会がなかったのだと考えられます。

「答えがない問題」は、そこらじゅうにあります。

ウクライナの正義とロシアの正義の間を、どう折り合いをつけるのか。パレスチナとイスラエルの主張のどちらが正しいのか。それぞれに歴史や経緯があり、感情があり、民族や宗教や文化があって、国際安全保障における立ち位置の違いがあります。どう折り合いをつければいいのかわからないまま長い年月がたち、いまに至っているわけです。

そこで、はたしていま表に出ている前提条件だけで考えてもいいのか、という問題に当たります。すでにある前提条件をすべて精査したうえで、何が正解なのかコンセンサスを作れるのであれば、そもそも戦争や戦闘など起きないでしょう。

では、どこにまだ私たちの知らない前提条件があるのでしょうか？

もちろん、その答えはわかりません。

できる限りアンテナを広げる、という観点では、ここで必要になるのは一般教養、リベラルアーツという結論になるでしょう。

しかし、だからリベラルアーツを学ばなければならないという「指導」は、逆効果になります。

魚を学べば世界の川や海が気になり、海外の学者と直接コミュニケートしたくなったり文献を読みたくなったりして外国語を学び、詳細なデータを収集するための技術や統計学の知識が必要になる……こんなかたちで、知りたいことが連鎖していくことこそ健全だと感じます。学ぶ目的があるからです。

そして、そうした人たちが質・量ともに増えていくことで、やがていまよりも健全な「常識」や「一般教養」が形成されていくのだと思うのです。

さらに、ＡＩが登場したことは、プラスの材料となります。ＡＩ自体が子どもの先生になってくれますし、大人になったあとでも、ＡＩにできることはＡＩに任せられるために、より多くのリソースを未知の問題、課題の解決に振り向けられるようになるからです。

コラム

## 最終的に、ＡＩは人類を滅ぼすのか？

よく聞かれる質問に、「ＡＩが人類を滅ぼしてしまうのではないか」というものがあります。

もしもＡＩとロボットや兵器が一体化されるのであれば、あるいは物理的には可能なのかもしれません。

しかし、ＡＩはそれ自身が人間からの命令を受けて動くものですし、同時にＡＩやロボットを構成している資源も、結局は人間によって作られ、供給されているものです。従って、ＡＩによって人間が滅亡してしまえばＡＩやロボットたちもまた立ちゆかなくなることは明らかで、「ＡＩが積極的に人間を滅ぼす」という結論は、いくらＡＩが発展しても出てこないのではないでしょうか。

ただこの設問から、私はふたつの重要な問題を考えたいと思うのです。

ひとつは、ＡＩ自体の能力が人間を超えていくことが確実ななかで、ＡＩ自体の自己再生産をどこまで進めるべきなのか、という問題です。

そしてもうひとつは、ＡＩが学習すべきオリジナルのデータ、つまり人間による成果物がなくなる日は来るのか、という問題です。

ＡＩには意思がないため、人間が止めない限り学習をやめることはありません。その結果、できる限り要求に応えられるよう、学習を重ねていくことになります。

絵を描いてくれる生成ＡＩは、「Ｓｔａｂｌｅ　Ｄｉｆｆｕｓｉｏｎ」（ステイブル・ディフュージョン）など、すでに多数開発されています。そこで、人間のユーザーが描いてほしい絵を指定するとしましょう。ここでの人間の要求パターンはおそらく、「あたかも人が描いたように見えるけど、ほかとは違うオリジナルのもの」ということになるでしょう。誰かの絵をそのままコピーするわけにはいかないからです。

そこでＡＩは、指示された絵と似た絵を学習したうえで、意図的にノイズを加えたり除去したりしながら、あたかもオリジナルのような絵を生成することになります。

では、そんなプロセスが常識となったあと、ＡＩが生成した絵ばかりがだんだんと増え、１００％人が描いた絵が減っていくとしたら、どうなるでしょうか。ＡＩが学習するデータのうち、実際に人間の手になるものの比率が下がってしまい、ＡＩが描いたデータを別のＡＩが学習、再生産する事態になってしまいます。このような場合、生成される画像データの品質が劣化していくという研究もあります。

これは、文章の場合も同じです。現時点でＡＩが学習しているのは、主としてインターネット上のテキストデータです。著作権保護の問題はひとまず棚上げしても、もしもＡＩがたいていの文章を人間よりも正確に、効率よく書いてくれるようになるのであれば、人間によって作られる文章自体が減っていくことは避けられません。

しかしその結果、当然、品質は下がっていきます。

生成ＡＩに条件を与え、新聞記事のような文章を生成してもらうことはできても、世の中のどこに記事にしたいような取材対象があるのかを探ったり、そこに実際に出向いて人の話を聞いたり状況を調査したりすることは、結局、記者にしかできません。その記事をベースに文章を書き換えることは技術上できても、そこで生成された記事をさらに学習して……というサイクルにはまり込んでしまうと、事実や知りたい内容からはどんどん離れてしまうでしょう。

あるいは、こうした状況を利用して、意図的に間違った情報や、特定の勢力に有利な情報を紛れ込ませることもやりやすくなってしまいます。

私はまず、こうしたＡＩによる自己再生産の問題には、今後基準の設定も含め、法令面でコントロールしていくことが大切になると考えています。

同時に、この問題が認識されればされるほど、「人の手による価値あるコンテンツ」の重要性が、再び増していくのではないかと思います。

結局、私たちがＡＩに期待するのは「人が作ったかのような成果物」です。そのためには、人がどんなデータや文章を好むのかを、定期的に検証しなければなりません。ＡＩがどのように学習しているかについても同じで、人による「品質チェック」は、必ず残るニーズになるでしょう。

言い換えれば、今後も生き残る仕事、あるいはクオリティは、AIに学習される価値のあるもの、と定義できるかもしれません。ＡＩによる学習は伝言ゲームに似ていますが、伝言される内容を作る人には、いつでも需要があることになります。

結局、その価値を作り出せるのは人間しかいません。

そして人間がそれをわかっている以上、ＡＩが人間を滅ぼすことはないはずです。

# おわりに

本格的なＡＩ時代を前に私が思うのは、結局、「みんな、それぞれ好きにしたらいい」という言葉に集約されます。

あるいは、私たちの前に現れたＡＩは、私たちに「好きにしたらいいですよ」と言ってくれているのです。

ＡＩのおかげで、好きでもなく、自分で積極的に選んだわけでもない仕事をする必要性は大いに減りましたし、したくてもできない時代になりました。

では何をすべきか？

そう、好きにするしかないし、好きにしたらいいのです。

無論、自分自身で選んだ道だからといって、成功できるかどうかはわかりません。

いま選択したことが、５年後、10年後、そのまま有効なのかもわかりません。

しかしもはや、好きにするしかありませんし、その先にしか道はありません。

それをはっきりさせたのが、ＡＩ登場の大切な意義なのです。

ホスピスで亡くなっていく人を看取ってきた人の話が忘れられません。

多くの人は、最期、「人生、あんなに我慢しなきゃよかった」と言って死んでいくのだそうです。

したくもないのにしなくてはいけないのは、外からの価値観の影響を強く受けていて、そうしなければならないと信じているからだと思います。他人の情報、他人の思考で意思決定をしているのです。

これからは、ＡＩが、その苦しみから人間を解放してくれると考えましょう。

私は、ＡＩ研究者であると同時に、ここまで、ごく単純にプログラミングやＡＩが好きで、おもしろかったからこそ研究を続けてきた、「好きなことを好きなだけやっている」人間です。ＡＩなんて誰も注目していなかった時代からいままで、それは変わりません。

だからこそ、私には、みなさんにああしろこうしろなどとは言えませんし、言うつもりもありません。

それでも最後にお伝えしたいメッセージをひと言でまとめるとしたら、おそらくこんな感じでしょう。

「さあみんな、好き勝手にやろうぜ！」

本書が、これからのＡＩ時代を生き抜くためのみなさんのヒントとなり、幸せな人生を歩む一助となり得れば幸いです。

川村　秀憲

# 参考文献


## 第1章

※ミシュランガイドの星が最も多い街「東京」は、世界トップの美食都市 その強さの理由とは.ヒトサラMAGAZINE.2023-03-30,https://magazine.hitosara.com/article/3262/

## 第2章

【メーカー】

※AIと描く「雇用の未来」(DeepInsight).日本経済新聞.2023-12-21,朝刊,p.7

※京セラ、協働ロボ運用クラウド　AI随時更新、複雑作業に対応.日経産業新聞.2023 11 10, p.1

※工場の自動化、どう実現?――FA・ロボットシステムインテグレータ協会会長久保田和雄氏に聞く、工程データ収集、AI分析.日経産業新聞.2023-05-19,p.10

【商社】

※最終章バフェットを超えて(2)三井物産、東南アで先進医療　「非資源」3年後に利益の5割へ(商社進化論).日経産業新聞.2023-06-14,p.3

【コンサルタント】

※特集――成長へ戦略問う、KPMGジャパン共同チェアマン山田裕行氏(日経フォーラム世界経営者会議)

【テレビ・出版・新聞】

※ニュースを知るのはネットで?それとも新聞の紙面で?. https://www.nhk.or.jp/bunken/yoron-jikan/column/media-2021-12.html

※新聞協会「生成AI対応、法改正を」 著作権法巡り、コンテンツ無断使用防止.日本経済新聞.2023-10-31,朝刊p.5

※オープンAI、NYタイムズに反論　「記事の再利用、まれ」.日本経済新聞.2024-01-10.朝刊,p.17

※AIを活用した「決算サマリー」配信スタート 完全自動で決算の要点をまとめ、「日経電子版」「日経テレコン」に.日本経済新聞社.2017-01-25. https://www.nikkei.com/compass/content/PRTKDB000000036_000011115/preview

※都合のいいAIキャスター　インドなどアジアの多言語地域で採用相次ぐ(NIKKEIAsia).日本経済新聞.2023-08-06,朝刊,p.8

※「仮想人間」テレビ局・IT企業採用、AIで自然な会話、表情も豊か(奔流eビジネス藤元健太郎).日経MJ(流通新聞).2023-05-19,p.2

【小売】
※イオン、物流網を再構築　トラック輸送距離１割削減　ルート最短に　人手不足に対応
日本経済新聞.2023-12-22,朝刊,p.1
※自動発注､AIの判断理由表示、ヴィンクス、スーパー向け、予測精度向上、ベテラン超えも.日経MJ(流通新聞).2023-12-25 ,p.2
※DX・PBで生き残りへ　フレスタ社長　谷本満氏　既存店客数3%増めざす.日本経済新聞.2023-12-26,地方経済面,広島,p. 23
※店長も社長もAI　君たちはどう働くか　ロボットが同僚、助け合い専門性磨く.日本経済新聞.2023-08-28,朝刊,p.11

【金融】
※AIで金融業は何が変わるか？.大和総研.2023-07-24
https://www.dir.co.jp/report/column/20230724_011067.html
※欧州・米国の保険業界におけるAIの活用事例とAI原則等の動向
https://www.sonposoken.or.jp/reports/wp-content/uploads/2022/08/sonposokenreport140_1.pdf
※ロボアドを若者獲得へ活用　東海東京系証券　500円から運用　手軽さ売り、収益性課題.日本経済新聞.2023-08-18,朝刊,p.8

【ソフトウェア、プログラミング】
※見えてきたプログラマー不要時代（日経xTECH日経BP専門誌から).日経産業新聞.2024-01-10,p.7
※生成AI使いこなすコツ　プロンプトエンジニアリング　チャットGPT、的確な指示カギ.日本経済新聞.2023-05-26,朝刊,p.16

【自動車、モビリティ】
※ソフト・AI｢クルマ」変える　ジャパンモビリティショー開幕　感情解析し演出／自動運転、低コスト.日本経済新聞.2023-10-26,朝刊,p.3
※自動運転「レベル4｣、課題は？――SOMPOインスティチュート・プラス主任研究員新添麻衣氏に聞く、企業の法的責任を明確に.日経産業新聞.2023-12-15,p.10
※バス路線、都市に迫る崩壊の波　失われる「生活の足｣、東京や大阪でも減便・廃止（InsideOutいまを解き明かす).日本経済新聞.2023-12-04,朝刊,p.19
※米テスラのマスクCEO、自動運転とロボットに楽観的.Reuters.2023-07-20
https://jp.reuters.com/article/idUSKBN2Z007P/

【公務員、公共団体】

※AI本格活用来月にも　神戸、職員の９割「効率向上」.日本経済新聞.2023-12-12,地方経済面,関西経済,p.10

※生成AI　自治体導入広がる　都など、ガイドライン策定し先行　リスク厳戒、神戸市は条例制定.日経産業新聞.2023-11-15,p.3

【学校教育、教育産業】

※チャットGPT、塾で活用、「東進」は英作文添削　ベネッセ、自由研究支援、効率的な学習手助け.日本経済新聞.2023-07-30,朝刊,p.7

※希少疾患､AIで画像診断――富士フイルムが開発、医師のノウハウを学習（マンスリー編集特集）.日経産業新聞.2023-07-28,p.11

【医療】

※希少疾患､AIで画像診断――アルツハイマー検査、血液から診断、開発急ぐ(マンスリー編集特集).日経産業新聞.2023-07-28,p.11

※病気の予兆､AIが検知、ココロミル、心疾患疑いにアラート、アクセルスターズ、睡眠障害の診断を支援、医師不足の現場に貢献.日本経済新聞.2023-09-13,朝刊

【法律、司法関連】

※弁護士の仕事も脱アナログ　AIが相談や調査を代替、データ整備が土台に(InsideOutいまを解き明かす).日本経済新聞.2023-11-06,朝刊,p.19

※弁護士もAI知識必要に　トムソン・ロイターCEO　報酬制度や雑務に変革(テックの未来).日本経済新聞.2023-11-1,朝刊,p.14

※リーガルテック、コロナ下で加速　電子契約導入８割にー企業法務税務・弁護士調査.日経速報ニュース.2024-01-12

【スポーツ、エンターテイメント】

※芥川賞の九段理江さん「ぐらぐらしている小説」「5%くらい生成AIの文章」…「完成度高く稀有」と評され.
https://www.yomiuri.co.jp/culture/book/articles/20240117-OYT1T50181/

※ハリウッド俳優組合、スト終結へ　賃上げなど暫定合意.日本経済新聞.2023-11-0,夕刊,p.3

【接客業】
※AIボット、賃貸困りごと解決、レオパレス、早く広く、契約や家電故障、学習で精度磨く.日経MJ(流通新聞).2023-10-06,p. 2
※アシックス、生成AIで推しシューズ　ECサイトに導入　色・競技歴、実店舗やりとりに近く.日本経済新聞.2023-12-2,地方経済面,関西経済,p.10
※すかいらーく、ロボが主役に　1年半で3000台導入、配膳データで運営刷新(DXTREND).日本経済新聞.2023-04-20,朝刊,p.17
※悩める飲食　AIが支える　人手不足・コスト高対応(DXTREND).日本経済新聞.2023-08-31,朝刊,p.15
※店員さんが消えた…米テキサスに、自動化された"無人マクドナルド"が誕生.
https://www.pen-online.jp/article/012293.html?page=6

【宿泊・旅行】
※リッチモンドホテル系列、AIが料金提案　作業時間3分の1.サービス・食品.2023-02-25.
https://www.nikkei.com/article/DGXZQOUC244FY0U3A220C2000000/

第3章

※「転職」に関する5ヵ国(日・米・英・独・韓)比較調査を実施.indeed.2023-06-27.
https://jp.indeed.com/press/releases/20230627
※大転職時代がやって来る　希望者1000万人で変わる日本.日経ヴェリタス.2023-11-05.
https://www.nikkei.com/article/DGXZQOUB254GL0V21C23A0000000/

## 著者プロフィール


### 川村秀憲　Hidenori Kawamura

人工知能研究者、北海道大学大学院情報科学研究院教授、博士（工学）。1973年、北海道に生まれる。小学生時代からプログラムを書きはじめ、人工知能に興味を抱くようになる。同研究院で調和系工学研究室を主宰し、2017年9月より「AI一茶くん」の開発をスタートさせる。ニューラルネットワーク、ディープラーニング、機械学習、ロボティクスなどの研究を続けながら、ベンチャー企業との連携も積極的に進めている。

著書に『ChatGPTの先に待っている世界』（dZERO）、『人工知能が俳句を詠む』（共著、オーム社）、『AI研究者と俳人 人はなぜ俳句を詠むのか』（共著、dZERO）、監訳書に『人工知能 グラフィックヒストリー』（ニュートンプレス）などがある。

# 10年後のハローワーク
## これからなくなる仕事、伸びる仕事、なくなっても残る人

発行日　2024年 4 月10日　第1刷
発行日　2024年 5 月 2 日　第2刷

**著者**　川村秀憲
**本書プロジェクトチーム**
**編集統括**　柿内尚文
**編集担当**　大住兼正
**編集協力**　天野由衣子（コサエルワーク）、増澤健太郎
**ブックデザイン**　山之口正和、齋藤友貴（OKIKATA）
**イラスト**　山田タクヒロ
**本文写真**　アフロ、手塚プロダクション
**DTP**　藤田ひかる（ユニオンワークス）
**校正**　東京出版サービスセンター

**営業統括**　丸山敏生
**営業推進**　増尾友裕、綱脇愛、桐山敦子、相澤いづみ、寺内未来子
**販売促進**　池田孝一郎、石井耕平、熊切絵理、菊山清佳、山口瑞穂、吉村寿美子、矢橋寛子、遠藤真知子、森田真紀、氏家和佳子
**プロモーション**　山田美恵

**編集**　小林英史、栗田亘、村上芳子、菊地貴広、山田吉之、大西志帆、福田麻衣
**講演・マネジメント事業**　斎藤和佳、志水公美
**メディア開発**　池田剛、中山景、中村悟志、長野太介、入江翔子
**管理部**　早坂裕子、生越こずえ、本間美咲
**発行人**　坂下毅

発行所　株式会社アスコム

〒105-0003
東京都港区西新橋2-23-1　3東洋海事ビル
編集局　TEL：03-5425-6627
営業局　TEL：03-5425-6626　FAX:03-5425-6770

印刷・製本　日経印刷株式会社


Printed in Japan ISBN 978-4-7762-1335-2